D1927283

Albert Biesinger

Kinder nicht um Gott betrügen

Albert Biesinger

Kinder nicht um Gott betrügen

Anstiftungen für Mütter und Väter

Ein Ratgeber

Herder
Freiburg · Basel · Wien

11. Auflage
als überarbeitete und erweiterte Neuausgabe

Umschlaggestaltung: Finken & Bumiller, Stuttgart
Umschlagmotiv: Stone, Jeremy Walker

Satzbearbeitung: Fotosetzerei G. Scheydecker Freiburg i. Br.
Druck und Bindung: fgb · freiburger graphische betriebe · www.fgb.de
Gedruckt auf umweltfreundlichem,
chlor- und säurefrei gebleichtem Papier
ISBN 3-451-27327-6

Inhalt

Teil 3 – Kinder in der Gottesbeziehung

Ausblick – Heranwachsende

„Warum hast du mich nicht bekannt gemacht mit dem Klang seines Schrittes?"

Statt eines Vorworts

„Ich erinnere mich noch genau der Sommernacht, in welcher mich mein Vater in den Garten führte, um mir die Milchstraße und einige Sternbilder zu zeigen. Er sagte: ‚Alle diese Sterne hat Gott geschaffen, sie sind Werke Gottes wie die Sonne, der Mond und die Erde mit allem, was du siehst.' Auf diese Weise trat Gott erstmals in mein Kinderleben auf eine meinem Verstand zugängliche Art ... Mein Vater hatte mir den allmächtigen Schöpfer-Gott gezeigt, den unendlich großen Geist, der die Kraft und die Macht hat, aus dem Nichts ein Weltall hervorzubringen. Der Einbruch dieser Erkenntnis Gottes in mein Leben machte auf mich einen gewaltigen Eindruck ... Nach dieser Sommernacht ging ich tagelang wie benommen durch meine kleine Kinderwelt, die mir nun so groß erschien, und ich schaute alles an mit dem Gedanken: ‚Gott hat all das erdacht, Gott hat all das erschaffen.' Welch neue Freude! All das war für mich aus den Händen Gottes entsprungen."[1]

„Liebe Mutter!
Seit einigen Tagen kann ich nur noch eine halbe Stunde täglich im Bett sitzen, sonst liege ich fest. Das Herz will nicht mehr. Heute früh sagte der Professor etwas – es klang so nach ‚gefasst sein'. Worauf? Es ist sicher schwer, jung zu sterben! Gefasst muss ich darauf sein, dass ich am Wochenanfang eine Gewesene bin – und ich bin nicht gefasst. Die Schmerzen wühlen fast unerträglich; aber wirklich unerträglich dünkt es mich, dass ich nicht gefasst bin. Das Schlimmste ist, wenn ich zum Himmel aufblicke, ist es finster. Es wird Nacht, aber kein Stern glänzt über mir, auf den ich im Versinken blicken könnte. Mutter, ich war nie gottesfürchtig; aber ich fühle jetzt, dass da noch etwas ist, das wir nicht kennen, etwas Geheimnisvolles, eine Macht, der wir in die Hände fallen, der wir antworten müssen auf alle Fragen. Und das ist meine Qual, dass ich nicht weiß, wer das ist.

Wenn ich ihn kennen würde! Mutter, weißt du noch, wie du mit uns Kindern durch den Wald gingst bei einbrechender Dunkelheit, dem Vater entgegen, der von der Arbeit kam? Wir liefen dir manchmal davon und sahen uns plötzlich allein. Schritte kamen durch die Finsternis – welche Angst vor den fremden Schritten! Welche Freude, wenn wir den Schritt erkannten als den Deinen, den der Mutter, die uns liebte. Und nun höre ich wieder in Einsamkeit Schritte, die ich nicht kenne. Warum kenne ich sie nicht?

Du hast mir gesagt, wie ich mich kleiden muss und wie ich mich im Leben verhalten muss, wie man isst, wie man so durchs Leben kommt. Du hast für mich gesorgt, du wurdest nicht müde über allem Sorgen.

Ich erinnere mich auch, dass du am Heiligabend mit deinen Kindern in die Christmette gingst; auch an ein Abendgebet erinnere ich mich, das du mir einige Male vorgesagt hast. Immer hast du uns zur Ehrlichkeit angehalten. Aber das alles zerfällt mir jetzt wie mürber Zunder. Warum hast du uns von so vielem gesagt und nicht – von Jesus Christus? Warum hast du mich nicht bekannt gemacht mit dem Klang seines Schrittes, dass ich merken könnte, ob er zu mir kommt in dieser letzten Nacht und Todeseinsamkeit? Dass ich wüsste, ob der, der da auf mich wartet, ein Vater ist! Wie anders könnte ich sterben!"

„Meine Eltern – das war Schutz, Vertrauen, Wärme. Wenn ich an meine Kindheit denke, spüre ich noch heute das Gefühl der Wärme über mir, hinter mir und um mich dieses wunderbare Gefühl, noch nicht auf eigene Rechnung zu leben, sondern sich ganz, mit Leib und Seele, auf andere zu stützen, welche einem die Last abnehmen. Ich lief zwischen Gefahren und Schrecknissen hindurch, wie Licht durch einen Spiegel dringt. Das ist es, was ich als Glück meiner Kindheit bezeichne, diese magische Rüstung, die – ist sie einem erst einmal umgelegt – Schutz gewährt für das ganze Leben.

Meine Eltern – das war der Himmel. Ich wusste (und zwar recht früh, dessen bin ich sicher), dass sich in ihnen ein anderes Wesen meiner annahm, mich ansprach. Dieses Andere nannte ich nicht Gott – über Gott haben meine Eltern mit mir erst später gesprochen. Ich gab ihm überhaupt keinen Namen. Es war da, und das war mehr. Ja, hinter meinen Eltern stand jemand, und Papa und

Mama waren nur beauftragt, mir dieses Geschenk aus erster Hand weiterzugeben. Es war der Anfang meines Glaubens und erklärt meiner Ansicht nach, warum ich niemals einen metaphysischen Zweifel gekannt habe."[2]

Es sind dies anrührende Zeugnisse. Sie und viele eigene sensible Erfahrungen mit Kindern im Umgang mit Gott stiften mich an, im Dialog mit Ihnen, verehrte Leserinnen und Leser, dieses Buch als 10. überarbeitete und erweiterte Neuausgabe weiter zu entwickeln und nach vielen Gesprächen und Diskussionen mit Tausenden von Eltern, deren Fragen und Probleme neu aufzunehmen.

Ich danke Beate, meiner Frau, und unseren Kindern David, Manuel, Benjamin und Ingrid für die vielen beeindruckenden religiösen Erlebnisse und bemerkenswerten Reflexionen, die wir in unserer Familie in den verschiedenen Altersphasen hatten und haben. Ohne sie hätte ich dieses Buch nicht von innen heraus schreiben können.

Anton und Martha, meinen verstorbenen Eltern, die mir und meinen Geschwistern auf ihre Weise Gott wichtig gemacht haben, gedenke ich dankbar.

Für wertvolle Anregungen und Hintergrundfragen danke ich meiner Kollegin Professorin Dr. Helga Kohler-Spiegel. Die Mühe der Manuskriptherstellung und die Aufgabe, als kritisches Gegenüber Fragen zu stellen, die diesem Buch gut getan haben, haben Dipl. theol. Christoph Schmitt, Dr. phil., Dipl. theol. Klaus Kießling, Dipl. theol. Herbert Bendel und cand. theol. Ralf Gaus übernommen. Ihnen danke ich ebenso wie Frau Veronika Retzlaff, die als Lehrstuhlsekretärin dieses Buch begleitet hat. Herr Ludger Hohn-Morisch, Lektor des Verlages Herder, hat die Entstehung und erweiterte Fassung dieses Buches angeregt und hilfreich ermutigt. Besten Dank!

Tübingen, Ostern 2000 *Albert Biesinger*

Mit Beate, David, Manuel, Benjamin, Ingrid, Barbara, Gabriele, Ursula, Julia, Martha, Anton, Josefine, Hubert, Mechthild, Barbara, Regina, Markus, Carmen, Hildegard, Valentina, Hans, Diana, Magnus, Martina, Gerhard, Philipp, Melanie, Johannes, Miriam, Gerhard, Anna Lena, Gerhard, Ursula, Peter, Eva, Sebastian, Sarah, David, Melanie, Christopher, Miriam, Julian, Laura, Hermann, Bernhard, Günter, Rose, Ruth, Johannes, Franz-Xaver, Thomas, Helga, Gabriela, Matthäus, Matthias, Michaela, Franz-Nikolaus, Josef, Christoph, Peter, Astrid, Peter, Werner, Uschi, Erwin, Maria, Georg, Hannes, Erika, Eva, Konrad, Antonia, Margret, Michael, Helga, Klaus, Rob, Austin, Gerhard, Ruth, Judith, Gabriele, Gustavo, Josef, Adelheid, Wolfgang, Andreas, Peter, Traudi, Angela, Berni, Reini, Jakob, Günter, Franz, Alfons, Senzel, Georg, Benjamin, Franz, Gertraud, Sylvia, Hans-Bernhard, Joseph, Karl, Jakob, Helmut, Johann, Egon, Heinz, Wolfgang, Jochen, Theresia, Andreas, Marlies, Walter, Dietmar, Max, Walter, Michael, Peter, Gerfried, Wolfgang, Roland, Karl Ernst, Friedrich, Erich, Otto, Andreas, Rudi, Franz, Angelika, Josef, Martin, Elisabeth, Catalina, Lorenzo, den Kindern von Montenegro in Lima/Peru, in Maras und Pichingotto bei Cuzco/Peru, dem Straßenkind Manuel in Guayaquil, Christy, Berna, Brigitte, Nelly, Mauricio, Jesus Chalderon, Lourdes, Augusta, Giovanni, Herbert, Monika, Reinhold, Klaus, Claudia, Ottmar, Veronika, Judith, Erika, Helmut, Florian, Eugen, Kastantas, Birute, Karl, Wilhelm, Erwin, Toni, Otto, Pedro, Emilio, Andreas, Tomas, Franz, Georg, Jochen, Anton, Pirilli, Vaclovas, Wladimir, Irina, Grete, Franz, Emilio, Sigitas, Andre, Elfriede, Denis und vielen anderen Taufkindern sowie all den Ungenannten gemeinsam mit Gott auf dem Weg –

ihnen und Ihnen, liebe Leserinnen und Leser, die Sie mit Ihrem Kind Gott suchen, widme ich dieses Buch.

Einführung

Wenn Kinder nach Gott fragen

1 Leitfrage: Betrügen wir unsere Kinder um Gott?

Die Hoffnung darauf, dass „es mehr als alles gibt“, ist uns eingestiftet, sie muss allerdings entstaubt werden. Viele unserer Sehnsüchte nach Glück sind in dieser Hoffnung gegründet.

Kinder nicht um Gott betrügen – an dieses Thema möchte ich mit Ihnen so herangehen, dass Sie sich als wichtig erfahren und merken, „es geht um mich, um uns und unsere Kinder“, und nicht um irgendeine Kritik – erst recht nicht um das, was ich als Buchautor für richtig halte. Ich möchte Sie mit möglichst guten Argumenten auf Ihrem Weg begleiten, der Ihnen selbst genug Dynamik gibt, mit Ihrem eigenen Leben und mit Ihren Kindern und Jugendlichen weiterzukommen. Es könnte hilfreich sein, sich mit diesem Buch in Gruppen und Kreisen auseinander zu setzen, einzelne Abschnitte mit Ihren Freundinnen und Freunden durchzudiskutieren und vor allem auch konkrete Umsetzungen mit ihren Kindern zu probieren: vor dem Essen oder abends im Bett mit Ihren Kindern ein kindgemäßes Gebet sprechen, sie segnen und ihnen dadurch helfen, Freude an der Beziehung mit Gott zu gewinnen.

Meine Frau oder ich haben mit unseren eigenen Kindern abends, gemeinsam am Bett sitzend, aus der Bibel erzählt oder vorgelesen. Wir haben gemeinsam gebetet als Dank an Gott an diesem Tag, als Bitte um Vertrauen in Notsituationen. Noch wie heute erinnere ich mich an jenen Abend, als ich mit unseren damals vier- und zweijährigen Kindern die Kinderbibel zu Ende gelesen hatte und sie riefen: „Wir sollen morgen gleich wieder von vorn anfangen.“ So haben wir die Kinderbibel zweimal von vorn bis hinten gelesen.

Eltern wollen das Beste für ihre Kinder, sie versuchen, ihre Kinder möglichst optimal ins Leben hinein zu begleiten. Sie tun für ihre Kinder alles erdenklich Gute oder zumindest das, was sie im Augenblick für gut halten. In jungen Eltern spiegeln sich immer wieder auch die Leistungsanforderungen, unter die sie sich gestellt fühlen. Sie wissen nur zu gut, dass eine gesellschaftlich anerkannte und auch finanziell abgesicherte Position für ihre Kinder nur durch Leistung und soziale Anerkennung erreichbar ist. Dies ist zumindest einer der Gründe, warum viele Eltern ihre Kinder schon im Kindergartenalter vielfältig verplanen: Ballettunterricht, musikalische Früherziehung, Sporttraining usw. sind in manchen Kreisen Grundvoraussetzung für soziale Anerkennung. Vielen Eltern, vor allem Müttern, wird eingeredet, dass sie für ihr Kind noch viel mehr tun könnten, wenn sie es noch für diesen und jenen Kurs anmelden.

Dieses Buch will Ihnen als Eltern nicht auch noch ein schlechtes Gewissen einreden: Der Aufschrei „Kinder nicht um Gott betrügen“ will Entlastung und Oase sein, er will sagen, dass wir trotz aller leistungsorientierten Anforderungen unsere Kinder dennoch um die wichtigsten Erlebnisse und Erfahrungen bringen können, nämlich von Gott geliebt und von ihm umfasst zu sein, eine Aufgabe zu haben für diese Welt, Licht einander zu bringen.

Vorwiegend leistungsorientierte Einschätzungen über den Wert und die Würde menschlichen Lebens greifen zu kurz; für Kinder ist es wichtig zu erleben, dass sie umfasst sind von dem, der sie erschaffen hat und der ihnen zuspricht, dass es gegen alle Angst mit ihrem Leben letztlich gut ausgeht.

Dem Anliegen einer interessanten, lebensfördernden religiösen Erziehung steht die Erfahrung vieler junger Eltern mit der Kirche und der Vermittlung des Glaubens in ihrer eigenen Kindheit und Jugendzeit entgegen. Oft wurde ihnen wenig Mut gemacht, den Weg mit Gott im eigenen Leben mit ihren Kindern weiterzugehen.

Wer selber den Glauben an Gott nicht positiv erleben konnte, tut sich schwer, diesen Weg mit seinen eigenen Kindern zu gehen. Aber diesen Kreislauf können wir unterbrechen, indem wir uns bewusst machen, wie wir selbst den eigenen Glauben erlebt haben.

Ich überlege manchmal, wie mein Glaube zustande kam, was ich davon weitergeben möchte, welche Qualität von Kommunikation, von Bildern und Vorstellungen mir als Kind geholfen, welche

Bilder und Vorstellungen von Gott mir aber Angst gemacht und mich eingeschränkt haben. Auch ich habe bestimmte Glaubensvorstellungen für meine frühe Persönlichkeitsentwicklung als hinderlich erlebt: religiösen Leistungsdruck und Angst vor einem „Buchhalter-Gott", der alles weiß und aufschreibt.

Solche Herausforderungen erleben wir Eltern auch in anderen Bereichen. So manche Erziehungspraktiken unserer eigenen Eltern oder Lehrer wollen wir nicht nachahmen, und dennoch prägen sie uns in unserem Verhalten. Allerdings sind wir nicht einfach auf die Erfahrungen unserer eigenen Kindheit fixiert, sondern wir können uns von den Erziehungsstilen unserer Eltern und Lehrer auch ablösen, unsere eigene Geschichte anders weiterschreiben und uns selbst verändern, falls dies uns nötig erscheint.

In einem so sensiblen Bereich wie der Gottesbeziehung ist Klärung, möglicherweise auch Heilung nötig, um unseren Kindern nicht ein verbogenes Gottesbild weiterzugeben, eines, das sie niederdrückt und klein hält, das ihnen falsche Demut einredet, den eigenen Mut nimmt und sie damit lebensuntauglich macht.

Aber auch dieses Bild ist zu hinterfragen: Gott ist unwichtig, es gibt ihn nicht, wenigstens nicht jetzt im blühenden Leben, vielleicht, wenn es uns mal schlecht geht, wenn wir sterben.

Wer diese Erfahrungen und Erlebnisse unbearbeitet lässt, kann seinen eigenen Kindern viel verbauen und sie in ihrer eigenständigen Erfahrung mit Gott geradezu behindert machen. Eltern, die als junge Menschen oft geschlagen wurden, schlagen ihre eigenen Kinder häufiger als Eltern, die früher nicht geschlagen wurden. Für solche Eltern ist Veränderungsbereitschaft wichtig; manchmal sind heilende Wege einzuschlagen. Ähnliches gilt auch für die religiöse Erziehung:

Christinnen und Christen können sich von ihrer eigenen religiösen Erziehung ablösen und sich verändern. Damit geben sie auch ihren Kindern die Chance, einen liebenden und fürsorgenden Gott kennen zu lernen. In Gemeinden, in denen Familien in Familiengottesdiensten und Kinder in Jugendgruppen aufbauende religiöse Erfahrungen machen können, finden sie zu anderen und neuen Erlebnissen, und Fehlentwicklungen werden korrigiert. Kinder können in solchen Gemeinden in eine gelingende Gottesbeziehung hineinwachsen.

Sollte Ihnen der strafende Gott verkündet und Ihnen deswegen der Zugang zu Gott möglicherweise verbaut worden sein, ist es vielleicht schwieriger, aber umso wichtiger, Ihren Kindern den *liebenden* Gott zu erschließen, den uns Jesus zeigt.

Es ist oft ein langsamer und mühsamer Prozess, als Erwachsener mit Gott neu anzufangen, sich von kindlichen Vorstellungen über ihn, der alles kann oder alles können muss, abzulösen, wegzukommen von einem Gott, der alles Leid, Krankheit und Tod zu verhindern hat. Aber dieser Weg kann befreiend wirken.

In folgender Körperübung können Sie dies auch mit Ihren Kindern ausdrücken. Kinder ab drei oder vier Jahren machen solche Übungen mit Begeisterung.

Wir verneigen uns ganz tief, knien auf den Boden und gehen mit dem Kopf nach vorn, verbleiben mit dem Kopf den Boden berührend. Wir nehmen mit Gott, dem Schöpfer der Erde, Kontakt auf. Von ihm kommen wir her. Gott liebt uns. Nach einiger Zeit lösen wir uns langsam aus dieser Gebetshaltung, gehen langsam auf die Knie, stehen langsam auf und strecken dann *Millimeter für Millimeter* in ganz kleinen Abschnitten, die Arme aus auf Gott. –

Oder: gemeinsam in das flackernde Licht einer Kerze schauen, Meditationsmusik hören und/oder Ihrem Kind den Rücken massieren.

Eine konkrete Übung gegen die Hektik des Alltags. Entdeckung der Langsamkeit, die gut tut.

Oase – Glaube tut gut

Ein Kind ins Leben rufen bedeutet auch, es in den großen Ruf Gottes hinein zu begleiten, aus dem es kommt und auf den es hingeht. Kindern die Beziehung zu Gott zu erschließen und gemeinsam mit ihnen den tieferen Sinn des Lebens zu suchen, ist eine Herausforderung für Eltern. Kinder sind dabei oft die „Priester“ ihrer Eltern. Oft finden sich Eltern in konkreten Belastungen des Alltags vor, so dass kaum Zeit und Kraft bleibt, tiefgründiger darüber nachzudenken.

Gespräche mit Kindern können aber wie eine Oase im Alltags- und Wochenrhythmus sein. Ich selbst habe oft gemeinsam mit meiner Frau mit unseren Kindern Gespräche erlebt, die mich sehr berührt haben. So manche Wichtigkeiten aus Beruf und Alltag verloren ihre Gewichtung und erhielten eine andere ihnen zukommende Bedeutung. Religiöse Erziehung ist Gabe und Oase, weil sich Gott in der Kommunikation von Eltern und Kindern neu aktualisiert. Kindern aus der Bibel vorzulesen, mit ihnen abends den Tag durchzugehen und in ein Gebet einmünden zu lassen, tut gut.

Religiöse Erziehung ist zunächst Gabe, aber auch Aufgabe. Aufgegeben ist sie Eltern deswegen, weil Gott ihnen Kinder anvertraut. Ein Kind ins Leben rufen heißt auch, es in den Sinn und die Sinnlosigkeit dieser Welt zu rufen. Dabei kann der Glaube wirklich gut tun. Wenn wir Grund haben, Gott zu danken, ist dies für uns in der Regel auch gar kein Problem. In den Zeiten der Dunkelheit und der Verzweiflung dagegen sind andere Gebete angesagt. Auch wenn wir unter Tränen beten, sind wir (immer noch) in Beziehung mit Gott und nicht abgespalten von ihm.

Wenn wir uns selbst nach dem Sinn des Lebens fragen, tun wir unseren Kindern damit einen wichtigen Dienst. Sie können gemeinsam mit uns Wegstücke gehen und an uns ablesen, dass es zum Menschsein gehört, auf Sinnsuche zu sein.

Die einen Eltern – und dies ist eine nicht unbedeutende Gruppe in unserer westeuropäischen Gesellschaft – leben nach dem Konzept: „Ich glaub‘ nix, mir fehlt nix.“ Wenn Kinder dieses Motto erleben, können sie rasch ebenso in den Sog der Ablenkungsstrategien und vergnügungsorientierten Konsumzwänge der Gesellschaft geraten, ohne sich darüber klar zu werden.

Die großen Fragen nach dem Sinn des Lebens haben schon Tausende von Generationen vor uns gestellt und werden vielleicht Tausende nach uns auch stellen. Sie spiegeln sich auch in Fragen der Kinder, die sie auf ihre Weise stellen. Woher kommt die Welt? Ist alles aus dem Zufall oder dem Nichts entstanden? Steht hinter der Weltentstehung in Milliarden von Jahren Gott, der mit seinem Geist in der Entstehung der Welt anwesend ist, der uns Menschen wollte und will, bei dem wir unbedingt erwünscht sind?

Damit hängen Fragen zusammen wie:

- Ist Gott wie ein liebender Vater und eine liebende Mutter, ist er uns nahe? Liebt er uns im Alltag, und wie können wir das spüren?
- Ist er in dem Geist, den er uns ins Leben gab, in jeder Sekunde in uns präsent, und begleitet er uns mit dieser Gabe, die uns sprechen, lieben, hoffen, zweifeln und sterben lässt?
- Kann Gott widersinnigem Leid einen Sinn geben? Gibt es überhaupt Antworten auf unsere Warum-Frage im Sinn einer Darum-Antwort? Wir wissen nicht, warum ein Mensch behindert geboren wird, warum Kinder früh sterben, warum eine Mutter kleinen Kindern und ihrem Mann wegstirbt, und wir wissen auch nicht, warum der eine Mensch in einem Elendsviertel und der andere in einem Villenviertel geboren wird. Oberflächlich wissen wir es schon, aber vom tieferen Sinn her nicht. Es gehört für mich zum verborgenen Gott, dass er uns mit so Vielem im Dunkeln tappen lässt und wir nur begrenzten Einblick in den Lauf der Geschichte und in unser eigenes Leben bekommen. Wir leben auf Sicht, nur die nächsten wenigen Meter können wir überblicken, und manchmal noch nicht einmal diese.
- Was wird aus mir, wenn ich sterbe? Was wird aus denen, die ich liebe und liebte, wenn sie sterben? Was wird aus der Erde, unserer Heimat, im unüberschaubaren Universum, wenn sie eines Tages stirbt und von der Hitze der Sonne verbrannt wird? Was wird aus mir, wenn der Tod sein Spiel mit meinem Körper vollendet hat? Auf irgendeinem Wege werde ich zu Tode kommen, ein Organ wird vielleicht ausschlaggebend dafür sein und andere Organe anstecken und in Mitleidenschaft ziehen. Es kann ein Unfall sein, es kann durch eine Bombe sein, dass mein Fleisch und Blut zerstört wird.
  Was wird aus mir, wenn ich sterbe? In der glühenden Kraft der mittleren Lebensjahre ist dies für die meisten Eltern noch nicht das Thema, wenngleich am Wege immer wieder die schockierenden Todesboten auftauchen – als mahnende Fackeln, sich auch dieser Nacht und Dunkelheit zu stellen. Bevor sie uns endgültig, hautnah berührt.

Das „Goldstück“ des christlichen Glaubens ist: Gott wird unser Leben in der Hand behalten. Wir fallen nicht aus der Existenz mit ihm heraus, sondern sind vielmehr in seine Hand geschrieben, bei ihm unbedingt erwünscht und unvergessen.

Die tiefste Botschaft des Lebens, Sterbens und der Auferweckung Jesu Christi ist, dass er in seiner Person diesen Prozess des Sterbens und der Wandlung und Verwandlung unserer Welt glaubwürdig verkörpert. Er ist schließlich die intensivste Botschaft, die Gott dieser Art von Welt, in der wir leben, machte: Das, was ihr jetzt erlebt, eure Suchprozesse, eure Leiden, eure Ekstasen, eure Tode gehören alle zu mir.

„Es muss mehr als alles geben" – dieser von Jugendlichen formulierte Satz zeigt etwas Wesentliches: Die für uns im Augenblick sichtbare und spürbare, hörbare und schmeckbare materielle Welt ist durchlässig zur geistigen Welt. Unser Leben hier ist ein Hindurchgehen hin zu einem neuen Leben. Die Bibel formuliert dies in vielen Zusammenhängen eindeutig: Wir gehen ins Licht, wir bleiben als von Gott Erschaffene und unbedingt Erwünschte. Auch wenn wir dann ganz anders kommunizieren – mit einem neuen Leib, auf Schwingungsebene, als Geistleib – vom Geist Gottes verwandelt.

Wie – Gott ist schon da? Gott haut im Leid nicht ab!

Wir sind schon in der Beziehung mit Gott. Die 84 Jahre, die wir auf der Erde vielleicht leben oder auch kürzer oder länger, sind bereits ein Teil der Ewigkeit, und deswegen müssen wir nicht so viel Angst haben. Gott ist schon da: auch in den Leiden unseres Lebens und der Welt.

Gott ist nicht nur da, wenn es uns gut geht, Gott ist nicht nur da im Licht. Gott sehen wir in Licht *und* Dunkel.[3] Gott ist da, gerade in der Dunkelheit des Lebens, wenn wir ihn wegen der Tränen in unseren Augen, an offenen Gräbern stehend oder am Bett eines sterbenden Kindes sitzend, nicht mehr sehen und dunkle Wellen uns zu überrollen scheinen.

Ijob, die exemplarische Figur des Alten Testamentes im Ringen in Leid und Not mit Gott, sagt nach vielen Kämpfen und Unsicherheiten am Schluss zu Gott:

„Ich weiß jetzt, dass dir nichts unmöglich ist;
denn alles, was du planst, führst du auch aus.
Du fragst, warum ich deine Pläne anzweifle
und rede ohne Wissen und Verstand.
In meinem Unverstand habe ich geredet
von Dingen, die mein Denken übersteigen.
Du hast mich aufgefordert, zuzuhören
und dann auf deine Fragen zu erwidern.
Ich kannte dich ja nur vom Hörensagen;
jetzt aber hat mein Auge dich geschaut."
(Ijob 42,2–5)[4]

Bei der Begleitung von Kindern in der Gottesbeziehung ist es wichtig, dass ihnen ihre Eltern nicht einen „Zuckerwatte-Jesus" vermitteln, der lieb ist, der aber, wenn es im Leben schwierig und traurig wird, für das Kind offenbar keine Bedeutung mehr hat. Jesus „zaubert" eben für das Kind die tote Oma nicht wieder herbei. Auch in Gebeten kann ein solcher Eindruck entstehen, dass es ein Leben ohne Leid geben könne und Gott willkürlich fügt und verfügt, weil er eben den Tod nicht verhindert. Gott wird so zu einem „Todesgott", zu einem Gott, der den Tod einfach nur zulässt und den Tod bringt.

Ein konkretes Beispiel: Auf einem großem Bauernhof lag die Großmutter im Sterben. Der Arzt kam täglich und gab ihr schmerzstillende Spritzen, weil sie die Schmerzen kaum mehr ertragen konnte. Am Abend sagte er der Mutter des Enkelkindes, sie müsse damit rechnen, dass die Oma heute Nacht sterben werde; ihre Lebenskraft gehe zu Ende.

Die Mutter betete im Kinderzimmer mit ihrer Tochter: „Lieber Gott, lass die Oma nicht sterben. Mach die Oma wieder gesund."

In der Nacht starb die Großmutter. Das Kind tobte Stunden lang weinend und schreiend gegen Gott, dass er ihre geliebte Oma nicht gesund machte, sondern sterben ließ.

Diesem Kind wurde durch das Gebet seiner Mutter nicht signalisiert, dass wir Menschen alle sterben müssen und dass jetzt die Stunde für die Oma gekommen sei. Die Mutter hätte mit ihrer Tochter auch beten können: „Lieber Gott, die Oma hat große Schmerzen. Sie wird bald sterben. Du lässt sie nicht allein. Tröste Du sie und hilf uns, wenn wir traurig sind."

In der biblischen Botschaft wird uns an keiner Stelle ein Leben ohne Leid versprochen. Es ist einer der großen Irrwege der Verkündigung, wenn wir einen „lieben Gott" so verkünden, dass Menschen in den Leidsituationen gott-los werden (müssen). Es kann nicht sein, dass wir die biblische Botschaft einfach so zurechtkneten und verniedlichen, dass das Leid, die Not, das Kreuz und die vielen Kreuze des Lebens von Gott abgespalten werden.

- Jesus hat am Kreuz nach dem Zeugnis der Evangelisten Matthäus und Markus geschrien: „Mein Gott, mein Gott, warum hast du mich verlassen?" (Mt 27,46; Mk 15,34).[5]
  Als Jesus hörte, dass sein Freund Lazarus gestorben sei – so der Evangelist Johannes –, fing er an zu weinen (Joh 11,35).[6]
  Wenn Gott in seinem Sohn Jesus Christus weint, dann ist dies Solidarität mit den Menschen und ihren Tränen in den Augen.
- Ich gehe hinter dem Sarg meines Freundes, des völlig überraschend an Herzinfarkt verstorbenen 47-jährigen Vaters von zwei Kindern, her und begleite, was von ihm sterblich ist, gemeinsam mit seinen beiden 11- und 13-jährigen Söhnen, seiner Frau und Hunderten von Menschen hinaus an das offene Grab. Der 11-jährige Sohn schreit laut von der Friedhofskirche bis zum Grab – es erschüttert mich durch Mark und Bein – die Klage und Anklage eines Kindes hin zu und gegen Gott.
- Wir stehen in der Friedhofskirche im Kreis um den weißen Kindersarg mit dem totgeborenen Kind. Es bleiben uns nicht viele Möglichkeiten des Trostes – außer dass wir da sind, gemeinsam da sind, in Solidarität miteinander und im Wissen, dass Gott in solchen dunklen Stunden präsent ist und nicht einfach wegläuft.
  Nicht nur, aber in solchen Situationen ganz besonders denke ich: Dies ist die Stunde der Wahrheit. Entweder Gott rettet – oder niemand rettet.

Es ist in der religiösen Erziehung wichtig, Kinder auch in diesen Erfahrungen mit Gott zu begleiten: Gott ist nicht der große Zauberer, der unsere Wünsche so erfüllt, wie wir sie uns gerade vorstellen. Gott verlangt von uns Eigenständigkeit, Entwicklung von Vernunft, von Engagement und konkreten Suchprozessen, die uns Schritt für Schritt überschaubare Welt zu gestalten und in ihren

Möglichkeiten und Begrenzungen zu kommunizieren. Dies schließt ein, dass wir als Eltern zunächst uns selbst angesichts unserer ureigenen Leidsituationen in der Gottesbeziehung anders, oft sogar ganz neu wahrnehmen müssen, weil wir oft ein Gottesbild mit uns herumtragen, das Leid abspaltet.

In Konflikten – und siehe, ich lebe! Dies ist ein wichtiger Impuls im familiären Leben mit Kindern. Es gibt mit Kindern immer auch Konflikte, wenn wir Nähe und Distanz ausbalancieren, wenn wir Grenzen setzen und Spielräume eröffnen. Ein gewisses Maß an Unsicherheit bleibt immer offen, nie sind wir Eltern perfekt, und noch nie habe ich eine „heile Familie" gesehen.

Es gibt keine „heilen Familien"

In den Familien, in denen mehr Freude als Streit den Ton angibt, werden in der Regel Konflikte offen gelöst, versuchen Eltern und Kinder, darauf zu achten, dass jeder und jede zu seinen bzw. ihren eigenen Lebensmöglichkeiten durchfinden kann, und dabei gibt es so weit wie möglich Unterstützung füreinander. Dies ist in Familien leichter möglich, deren ökonomische Basis abgesichert ist und die nicht im täglichen Überlebenskampf von Wohnungsnot, Familienarmut und Arbeitslosigkeitskonflikten verwickelt sind. Aber auch in diesen Familien gilt es, trotz allem immer wieder den Überblick (zurück) zu gewinnen. Gesten von Zuneigung und Liebe sind gerade in solchen instabilen Situationen um so nötiger. Dies darf für die Situation allein erziehender Väter oder Mütter aber nicht zur Überlastung führen. Deswegen ist noch einmal deutlich darauf hinzuweisen: Religiöse Erziehung ist nicht Belastung, sondern vielmehr Entlastung, weil wir es mit einer Beziehung mit Gott zu tun haben, von der Jesus sagt:

> „Kommt alle zu mir; ich will euch die Last abnehmen! Ich quäle euch nicht und sehe auf niemand herab. Stellt euch unter meine Leitung und lernt bei mir; dann findet euer Leben Erfüllung. Was *ich* anordne, ist gut für euch, und was *ich* euch zu tragen gebe, ist kein Last"
> (Mt 11,28–30).[7]

2 Diagnose: Unsere Kinder fordern unseren Glauben heraus

„Wie wird ein Mensch Christ?" – Glauben ist ein Geschenk, Glauben lässt sich nicht herstellen. Glauben wird aber auch gelernt. Der Prozess des Glaubenlernens vollzieht sich sehr wohl nach den Gesetzen menschlichen Lebens überhaupt, denn glauben lernen ist eine menschliche Sache. Indem Kinder, auch Kleinkinder, in die Symbolwelt ihrer Umgebung hineinwachsen und zu ihr in Beziehung treten, saugen sie aus dieser Muster und Mosaiksteine von Bedeutungen, selbstverständlich auch von Glaubensbedeutungen heraus.

Eine Erfahrung kann den Prozess der Symbolbildung bei Kleinkindern zeigen:

Der vierjährige David fragt mich, warum ich dem toten Vogel, den er auf dem Weg zum Kindergarten am Straßenrand sieht, nicht helfen könne.

Auf meine Antwort, dass dem toten Vogel kein Mensch mehr, sondern nur der ‚liebe Gott' helfen könne, fragt mich David, wie groß und stark der ‚liebe Gott' denn sei, und warum ich nicht der liebe Gott sei. Ich versuche ihm zu erklären, dass ich doch ein Mensch sei und selber auch einmal sterben müsse und ich daher dem toten Vogel nicht helfen könne. David darauf später: ‚Ist der liebe Gott so groß wie ein Hochhaus?'

Zusammen mit mir, mit dem konkreten Partner dieser Situation, entstehen für das Kind neue, für mich überraschende Glaubensdeutungen. Indem er mein Zugeständnis, nicht helfen zu können, und meine Selbstbedeutung vollzieht, schafft er für sich die neue Bedeutung: Der Vater kann einem Toten nicht helfen. Wenn Gott helfen kann, muss er größer sein als der Vater.

Dies bestätigt sich einige Wochen später: David hält seinen (damals) zweijährigen Bruder Manuel gerade noch vor einem vorbeifahrenden Auto zurück. Als er mir das abends erzählt, wendet er sich an Manuel: ‚Wenn ich dich nicht festgehalten hätte, wärst du nämlich jetzt tot. Dann kann dir der Papa gar nicht mehr helfen, nur noch der liebe Gott, weil der ist nämlich viel größer als der Papa.'

Für den lebenslangen, insbesondere aber für den kindlichen und jugendlichen Entwicklungsprozess ist der alltägliche, kreative Umgang mit Deutungen, auch mit religiösen Deutungen, höchst wichtig. Kinder und Jugendliche sollten nicht – durch welche Machtmittel auch immer – gezwungen werden, sich religiösen Deutungen anzupassen und sie lediglich formelhaft zu übernehmen. Vielmehr müsste der Sozialisationsprozess originelle, selbst mitgeschaffene, also existentiell erlebbare Bedeutungszugänge ermöglichen. Insbesondere Kindern und Jugendlichen muss zugestanden werden, mit religiösen Bedeutungen ‚zu operieren'. Ohne es zu merken, werde ich durch meine Selbstdeutung mit Gott für David zum Zeugnis dafür, dass Gott ‚Auswege aus dem Tod hat', dass er den Menschen retten kann. Ich habe für ihn Verweisfunktion auf einen anderen, der für mich Grund und Ziel des Lebens ist.

Das Kind hat sich im Zusammenhang mit mir eine zentrale Deutung des Glaubens erworben und wendet sie auf neue, strukturähnliche Interpretationen an; es wird dadurch bereits selbst für seinen jüngeren Bruder Bezugspunkt des Glaubenlernens.

Kann man glauben lernen? Glauben lernen und nicht glauben lernen ist sehr nahe beieinander: Es geht immer um Symbolbildungen. Kinder können bezüglich des toten Vogels lernen, dass irgendwann mal alles zu Ende ist und aus, oder sie können hoffen lernen. Wenn man unter glauben nur Glaubenswissen erlernen versteht, dann ist glauben lernen zu kurz gefasst.

Ich kenne viele, zu viele Kinder, die Gebete heruntersagen, die den Tod Jesu formelhaft bekennen, und die dennoch nichts erfahren konnten von der Zuwendung Gottes zu den Menschen. Wenn ich Kinder in die Deutung menschlicher Wirklichkeit, der erfreulichen wie der entsetzlichen, einbeziehe und diese Wirklichkeit mit ihnen von meinem christlichen Glauben her deute, werden sie unkompliziert und locker glauben lernen.[8]

Auch Ihr Kind ist ein religiöser Mensch. Aus den vielen Beispielen religiöser Gespräche, die Kinder mit ihren Eltern führen, habe ich ein sehr anregendes ausgewählt:

„Das Kind bereitet still ein Spiel mit seinem Vater vor. Es unterbricht die Vorbereitung mit einer Frage:

Kind: ‚Alle Menschen sterben, stimmt's, Vater?'
Vater: ‚Alle Menschen sterben.'
Kind: ‚Aber ihr sterbt nicht.' (*Pause*) ‚Dann bin ich ja so alleine.'
Vater: ‚Natürlich sterben wir auch. Aber jetzt leben wir ja noch.'
Kind: ‚Und wer bestimmt, wann ihr sterbt?' (*Pause*) ‚Hat das Gott zu bestimmen?'
Vater: ‚Das bestimmt Gott. Weißt du, wenn man alt ist, dann mag man vielleicht gar nicht mehr länger leben.'
Kind: ‚Aber ihr seid doch schon alt. Und wo soll ich dann hingehen?'
Vater: ‚Dann schickt dich Gott einfach zu einem neuen Vater.'
Kind: ‚Ihr sterbt erst, wenn ich groß bin, und noch einen Tag später. Und wenn ihr gestorben seid, dann fahre ich zu meiner Großmutter. – Spielst du jetzt endlich mit mir Domino?'"[9]

Kinder fragen nicht erst, was sie fragen dürfen; sie sind religiöse Menschen von innen heraus, sonst könnten sie uns mit ihren Fragen und Aussagen nicht an den Rand unserer Denkvorstellungen treiben:

„Wo war ich eigentlich, als ich noch nicht da war?
Wie geht das, dass ich weiß, dass ich bin? (4 Jahre)
Gibt es in der Luft noch eine Welt und unter dem Boden, wenn man tief gräbt, auch eine Welt?
Glaubt die Katze, dass Gott aussieht wie eine Katze?
Wer macht die Tage, und wann sind sie alle? Irgendeiner muss doch den Anfang gemacht haben. Aber wer?
Papa, weißt Du, was ich mir eigentlich gar nicht vorstellen kann? – Na was? – Dass es Gott gibt.
Mutter, ich finde es gar nicht schön, dass ich geboren bin und dass ich vielleicht lange leben muss. (5 Jahre)
Wenn ich tot bin, bin ich dann noch ganz? (3 Jahre)
Ist Gott ein Mann oder eine Frau oder beides? (8 Jahre)
Ich weiß gar nicht, warum es die Welt gibt. (5 Jahre)
Wozu sind die Menschen eigentlich da? Sag mal? Wozu?"[10]

Solche Fragen von Kindern sind nicht angelernt oder von außen beigebracht. Es sind vielmehr ursprüngliche Themen, die die Kinder beschäftigen und die üblichen Schemata sprengen.

Die These „Kinder nicht um Gott betrügen“ ist ein Zwischenruf in die derzeitige gesellschaftliche Situation hinein, in der es für Eltern immer wichtiger erscheint, ihren Kindern frühzeitig Ballettunterricht, musikalische Früherziehung und mehrere Sportarten zu ermöglichen. Eltern sehen sich diesbezüglich schon geradezu unter einem gesellschaftlichen Leistungsdruck: „Gute Eltern tun das einfach für ihre Kinder!“

Führt also der Aufschrei „Kinder nicht um Gott betrügen“ nur noch zu einer weiteren Verschärfung dieses Leistungsdrucks: „Ihr seid schlechte Eltern, ihr meint es mit euren Kindern nicht gut, sonst würdet ihr eure Kinder religiös erziehen“?

Die Beziehung zu Gott ist keine Leistung. Sie ist zuallererst ein Geschenk, ein unverdientes Geschenk von Gott her. Sie ist aber auch eine Aufgabe, die gelebt werden möchte – ohne Druck und moralische Aufforderung. Wer sich als Vater oder Mutter mit seinen Kindern auf die Beziehung mit Gott einlässt, dem kommt etwas zu, was er oder sie selber nicht leisten muss. Es wird der Vorhang für ein Leben geöffnet, das niemand anderer zusagen kann als Gott selbst, der es gut meint mit unserem Leben.

Nirgends ist festgeschrieben, dass wir mit den üblichen innerweltlichen Schubladen von Weltdeutung zufrieden sein müssen, die unsere Gesellschaft fabriziert und die oft nicht weit führen. Es ist vielmehr eine Grundentscheidung, sich von Gott lieben zu lassen, sich also der „Umfassungserfahrung von Gott“ her – wie Martin Buber es formuliert hat – bewusst zu werden und diese zuzulassen oder eben nicht.

Es gibt nicht wenige Eltern, die sich heutzutage in Verteidigungsposition erleben, wenn sie ihre Kinder religiös erziehen. Je nach Bekanntenkreis gelten solche Eltern als unkritisch, frömmelnd oder als von gestern. Ich argumentiere von einer anderen Seite her und sage gegenüber solchen Bekannten: Es ist nicht eine Frage von „konservativ“ oder „progressiv“, „lebensnah“ oder „lebensfern“, sondern eine Frage von konsequentem Denken, ob ich meine Kinder religiös erziehe. Die Erschließung der Gottesbeziehung ermöglicht vielmehr einen „Überschuss an Sinn“, der eben nicht „entborgen“ wird, wenn ich Kindern diese Beziehung verbaue. Wenn religiöse Erziehung als Sinn stiftende Erschließung und Realisierung der Beziehung mit Gott verstanden wird, lässt sie sich gerade nicht als Einschränkung, sondern im Gegenteil als Bewusstseinserweiterung und Intensivierung der persönlichen Lebensqualität wahrnehmen.

Mit Menschen, die bewusst *nicht* an Gott glauben, ist allerdings anders und grundsätzlicher zu sprechen. Dies würde den Rahmen dieses Buches sprengen. Die große Mehrheit der Bevölkerung im deutschsprachigen Raum glaubt an „Gott"; mit diesen ist es oft ganz leicht, darüber nachzudenken, dass es tatsächlich eine spezifische Qualität ausmacht, „den ganz Anderen" zum Ausgangs- und Endpunkt eigener Lebensdeutung zu machen. Auf diese Weise werden alle Facetten der Lebenswirklichkeit daraufhin offen gehalten, dass „vielleicht alles ganz anders ist", dass sie überraschende Qualitäten und Dimensionen in sich birgt, die uns vom jüdisch-christlichen Sinnhorizont her geschenkt sind und uns persönlich bereichernd aufgehen können. Das Postulat „Kinder nicht um Gott betrügen" ist deswegen auch nicht ein konfessionelles Problem von katholisch oder evangelisch.

Muslime oder Juden haben dieselbe Herausforderung zu bewältigen: Erziehen wir unsere Kinder unter Ausschluss der Gottesbeziehung, oder geht in den Prozess der Kindererziehung die Weite der Beziehung mit Gott als Ferment für die Lebensdeutung mit ein? Für den Buddhismus und Hinduismus stellt sich das Problem anders, da es in diesen Religionen keine Rede von „Gott" in unserem Sinne gibt.

Anerkannte Pädagogen wie etwa Heinrich Roth[11] gehen davon aus, dass der Mensch ein religiöses Wesen und es ihm nicht möglich ist, ohne auch religiöse Weltdeutung zu leben. Dazu reicht Gutsein oder Schönheit nicht aus. Schon kleine Kinder fragen bohrend nach Gründen, nach Zusammenhängen und Ausblicken für ihr Leben. Die Philosophen Max Scheler und Arnold Gehlen haben mit den Begriffen „Weltoffenheit" und „Plastizität" auszudrücken versucht, dass der Mensch für Entwicklung offen ist, dass er ein Wesen ist, das dauernd fragt, ein Wesen, das alles, was ist, überschreiten und die Zukunft vorwegnehmen kann.

Kinder lernen auf der Grundlage eigener, selbst gesteuerter Denkprozesse und durch den Dialog mit glaubenden Mitmenschen, dass Gott nicht nur irgendwie am Rande, sondern so zentral zum Menschsein, zu ihrer Welt und zum Universum gehört, dass es ohne *ihn* uns selber und die Welt gar nicht geben kann. Sie lernen Schritt für Schritt, kritisch zu unterscheiden, was unbedingte Anerkennung verdient und was nicht, was also vorläufig und sterblich ist, was langfristig hilft und was nicht hilft. Ohne religiöse Praxis kann dieser Lernprozess nicht kompetent fortschreiten. Wir Erwachsene bleiben auch in mittleren Lebensjahren noch voll in diesem Lernprozess, weil wir nach wie vor Dingen hinterherlaufen, die brüchig sind und uns wie Sand in den Händen zerrinnen, obwohl sie uns „heilig" sind: Geld, Erfolg, Anerkennung.

Der Lobpreis „Heilig, heilig, heilig", den der Prophet Jesaja (6,1–7) formulierte, hat den zahllosen Menschen vieler Jahrhunderte immer wieder den Unterschied zwischen Mensch und Gott deutlich gemacht, das Gegenüber von Mensch zu Gott als seinem Schöpfer, Retter und Erlöser „hörbar" zum Tönen gebracht.[12]

Das, was Tieren beim Überleben hilft, reicht für uns Menschen nicht aus. Wir sind auf das Lernen angewiesen, um überleben zu können. Der Begriff „Kultur" geht auf das lateinischer Wort ‚colere' zurück und meint ‚bebauen, schaffen, gestalten'. Wir Menschen müssen unser Leben und Überleben deuten. Eine besondere und sehr tiefgründige Form der Deutung des Lebens ist der christliche Glaubensweg. Wir deuten aus den biblischen Zusagen der Gottesbeziehung Geburt, Krankheit, Leid, Angst, Hoffnung, Tod und Schicksal und warum wir überhaupt sind, was Freiheit und Glück ist.

Es gibt vor allem folgende vier Bereiche, die es nötig machen, unser Leben zu deuten:

- Der Zwang zur Sinngebung und Rechtfertigung der Wirklichkeit und der eigenen Existenz. Warum gibt es die Welt, warum gibt es mich und uns?
- Die Deutung und Gestaltung unserer Grenzerfahrungen wie Geburt, Krankheit, Leiden, Angst, Freude, Hoffnung, Tod, Schicksal usw.
- Die Probleme der persönlichen Identität und der Selbstverwirklichung des Menschen in Spannung zu Selbstentfremdung und Selbstaufgabe.
- Der Inhalt und die Begründung politischer, sozialer und humaner Zielvorstellungen und Wertorientierungen wie etwa Menschenwürde, soziale Freiheit, soziale Gerechtigkeit, persönliches Glück.[13]

Religiöse Erziehung entspricht der Offenheit und Gestaltungsbedürftigkeit des menschlichen Lebens. Wir Menschen brauchen Deutemuster, um positive und negative Erlebnisse beurteilen und verarbeiten zu können.

Ob wir wollen oder nicht: Kinder werden sich immer eine Weltdeutung zusammenbasteln; um so wichtiger ist es, in diesen Prozess der Weltdeutung positive Gedanken und Symbole einzubringen, und nicht Angst, Konsum, Rivalitätsvorstellungen und Verabsolutierungen, die immer dem Stärkeren das Recht zusprechen. Gerechtigkeit, Friede und Ehrfurcht vor der Schöpfung sind Deutungen der Bibel, die für das Überleben der Menschheit größte Bedeutung haben.

Ich habe mehrere Male einige Wochen in lateinamerikanischen Elendsvierteln und Basisgemeinden mitleben können und bin dort auf eine wichtige Erfahrung gestoßen: Viele Menschen dort deuten in ihren Gemeinden das eigene Leben vom „Gott des Lebens" her. Sie beten in ihren Gottesdiensten nicht „lieber Gott", sondern sie reden Gott an mit dem Titel „Gott des Lebens" Sie wissen, dass Gott sie mit einer besonderen Würde ausstattet. Was ihnen durch die Ungerechtigkeiten der Gesellschaft, die Benachteiligungen aufgrund der Hautfarbe, der Herkunft und des Geschlechtes vorenthalten wird, gilt nicht für ihre Beziehung mit Gott: Gott liebt die Armen, er gibt ihnen Würde. Dass Gott sie würdig macht, feiern sie an den verschiedensten Knotenpunkten ihrer Existenz. Diese religiösen Deutungen des Lebens nehmen massiv Einfluss auf ihre Selbstwahrnehmung. Umgekehrt halten religiöse Deutungen Menschen nieder, etwa die von lateinamerikanischen Großgrundbesitzern auch heute noch verwendete Einschätzung: „Weil du gesündigt hast, bist du arm. Weil du gesündigt hast, straft dich Gott, und deswegen hast du kein Land. Wir haben deswegen viel Land, weil Gott uns liebt." Hier wird Gott dafür missbraucht, die derzeitigen ungerechten Zustände zu stützen.

Dies gilt auch für uns: Wenn ich mich von Gott geliebt fühle, wenn ich in den Situationen des Leides und des unverständlichen Schmerzes zu Gott klagen, ja ihn anklagen kann, lebe ich anders, als wenn ich Gott als Bezugspunkt und die weitende Beziehung mit ihm nie erlebt habe. Für unsere Situation in Europa ist dieser Gedanke, dass uns von Gott her eine ganz spezielle Würde – und damit „Lebensqualität“ – zugesprochen wird, sehr bedeutsam. In der Anonymität unserer Gesellschaft stellen sich für viele Menschen die Fragen „Wer bin ich?“, „Wofür lebe ich?“ und „Wohin gehe ich?“ mit großer Dichte.

Gott ist schon da – Alltag und Gott nicht auseinander reißen: Wir sind im Be-Reich Gottes

Für diejenigen Eltern, für die Gott weit weg ist und mit ihrem Alltag nichts zu tun hat, ist es natürlich schwierig, ihre Kinder in die Gottesbeziehung hinein zu begleiten. Wenn Eltern selbst spüren, dass sie mit ihrer Existenz und ihrer gemeinsamen Liebe, mit ihren Konflikten und ihren alltäglichen Sorgen von Gott umfasst sind, können sie diese „Umfassungserfahrung“ – wie es der jüdische Religionsphilosoph MARTIN BUBER einmal umschrieb – auch unkompliziert erschließen. Die Kinder nehmen an den alltäglichen Prozessen Anteil. In Zeiten, in denen Familien vor dem Essen selbstverständlich kurz innehielten, um an den Geber aller Gaben zu denken und gemeinsam ein Gebet zu sprechen, musste man nicht lange theoretisch diskutieren, ob es Gott gibt oder nicht, ob er da ist oder nicht. Durch solche gemeinsamen Handlungen (Interaktion) wie miteinander essen, beten und danken entstehen Bedeutungen, entstehen auch neue Bedeutungen. Mit Essen und Trinken hält uns der Schöpfer der Welt am Leben mit dem, was in seiner Welt gedeiht und wächst.

Das Geheimnis Gottes liegt ja gerade darin begründet, dass er alles in allem ist. Weder unsere Mutter Erde noch die Sonnensysteme noch die Vielzahl anderer Welten, die wir gar nicht denken können, wären ohne ihn. Sich dessen bewusst zu werden und Schritt für Schritt den Glauben an ihn wachsen zu lassen, haben wir als Gabe und Aufgabe mitbekommen.

„Gott kommt vor dem Missionar“, so hat es der brasilianische Theologe LEONARDO BOFF prägnant beschrieben. In der Tat ist es so, dass sich Gott uns Menschen bereits längst gezeigt hat. Jeder Mensch ist Kind Gottes, weil er oder sie ein Geschöpf Gottes ist. Dass wir dies selbst wahr-nehmen, dazu bedarf es der Mitteilung dieser Botschaft. In der Bibel gibt es viele Texte und Situationen, in denen dies in verschiedenen Sprachebenen darzustellen versucht wird.

Es ist also nach unserem persönlichen Glaubensverständnis zu fragen: Wie denken wir uns in Beziehung zu Gott? Ist Gott weit entfernt? Ist Gott in uns, will er in uns wohnen und wir haben uns lediglich für ihn zu öffnen?

Was vielen von uns in der eigenen Kindheit und Jugendzeit möglicherweise nicht verstehbar wurde: Das Reich Gottes ist schon verborgen da, und wir sind bereits mittendrin. Es will aber in uns selbst neu anbrechen, sich in uns realisieren und bei uns ankommen. Dann ist es schrittweise der Be-Reich der Gerechtigkeit, der Liebe und des Friedens – auch in der Familie.

Woran glaubt, wer nicht glaubt?

Warum gibt es überhaupt etwas und nicht vielmehr nichts? Warum gibt es mich, und was soll das, dass es mich gibt? Bin ich ein Zufallstreffer meiner Eltern und diese wieder von deren Eltern?

Die Welt ist und bleibt ein Geheimnis. Seit Jahrtausenden haben Menschen versucht, die Herkunft der Welt, die Bedeutung des eigenen Lebens und vor allem auch des Todes zu entschlüsseln. Es gehört nun mal zum Menschen dazu, „mehr als alles“ zu denken, sich der eigenen Situation bewusst zu werden und Antworten auf die vielen Fragen des eigenen Lebens zu suchen.

Durch die Menschheitsgeschichte geht ein großer Strom von religiösen Fragen und Sehnsüchten. An den verschiedenen Orten der Erde und in den unterschiedlichen Kulturen haben sich religiöse Wege herauskristallisiert, auf denen Menschen ihre Suche nach Gott ausdrücken, feiern und gestalten. Die großen Weltreligionen sind nach meiner Überzeugung Suchprozesse der Menschheit hin zu ihren Geheimnissen und zum Geheimnis Gott.

Aber auch Menschen, die nicht an Gott glauben, glauben an etwas. Möglicherweise glauben sie, dass es Gott nicht gibt, dass die Erde durch Zufall entstanden ist und dass sie selbst ein Zufallstreffer der Evolution sind. Damit glauben sie aber auch etwas, was sie letztlich nicht „beweisen“ können. Auch ich kann nicht „beweisen“, dass es Gott gibt. Wenn man ihn „beweisen“ könnte, dann wäre ER auch nicht mehr Gott. Dann würde er sich ja menschlichen Beweisstrategien unterordnen.

In diesem Sinne lasse ich mich mit bestem Gewissen auf die weiteste Deutung der Wirklichkeit ein. Die weitreichendste Deutung der Wirklichkeit ist der Gottesglaube. Er durchkreuzt sämtliche innerweltlichen Möglichkeiten. Er durchkreuzt auch die Schubladisierungen dieser Welt, die von Menschen produziert sind und die – wie wir immer mehr merken – auch vielfältige Grenzen und Zusammenbrüche bieten.

Die Perspektive, von Gott radikal geliebt zu sein, auf ihn hinzugehen und zu ihm zu gehören, also im Be-Reich Gottes zu leben, das hat Jesus von Nazaret verkündet, wenn er sagt: Das Reich Gottes ist unter euch, das Reich Gottes ist da.

Wer an das Reich Gottes glaubt, glaubt das weitreichendste Konzept für die eigene Existenz mit den Kindern: Wir gehören zum Be-Reich Gottes.

Die Gottesbeziehung kann sich in alltäglichen Lernprozessen sehr konkret auswirken[14]:

- Wenn ich morgens aufstehe und den Tag beginne – mit der Idee, dass dieser Tag mir anvertraut ist als Geschenk Gottes.
- Wenn ich arbeite: mit welchem Verantwortungsgefühl, mit welcher Motivation, mit welchem Grad an Verlässlichkeit und Ehrlichkeit? Arbeite ich im Sinne der Mitgestaltung an der Schöpfung?
- Wenn ich in Konflikte gerate: In welcher Qualität gehe ich Konflikte an? Lasse ich in Konflikten Menschen die Würde, die ihnen von Gott her zusteht?
- In Partnerschaft und Kommunikation mit meiner Familie: Wie lebe ich Nähe und Distanz, Solidarität, Rücksichtnahme und gegenseitige Hilfe auch in Extremsituationen als Zeichen der Nähe Gottes?
- Wie lebe ich meine erotische Befähigung, die mir von Gott als Mann oder als Frau eingestiftet ist? Als Zuwendung und als Dynamik der Liebe und Einfühlung, aber auch der offenen Konfliktregelung? Die Liebe zwischen Mann und Frau ist Gabe Gottes und bekommt durch die Zusage von Liebe und Treue vor Gott eine besondere Qualität.

- Wenn ich schuldig geworden bin, dann weiß ich, dass Gott mich versöhnt, dass ich umkehren kann im Sinne von Hinkehr zu ihm. Ich kann neu anfangen für eine bessere Zukunft. Wenn ich schuldig geworden bin, bietet sich mir die Zusage von Vergebung, Versöhnung, Konfliktregelung und Buße, von neuem Leben als Zukunft der Zukunft.
- Wenn ich ein Kind ins Leben gerufen habe, dann nehme ich es hinein in die Beziehung zu Gott, indem ich es taufen lasse. Ich wende mich ihm zu, bete mit ihm den Abendsegen, ermögliche ihm damit einen Ritus der Geborgenheit und stifte mit ihm Beziehung mit Gott.
- Wenn Sonntag ist, lebe ich die Zusage: sein, ohne zu leisten, feiern, Gemeinschaft halten in der Gemeinde, in der Familie und im Freundeskreis. Ich erfahre mich nicht nur durch Leistung, sondern auch in der Unverzwecktheit des Daseins, im Spiel und in der Freude. Ich weiß, was zu tun ist, wenn mein Leben aus dem Rhythmus von Leistung und Muße herausfällt. Leben ist auch Spiel, Tanzen vor Gott, Akzeptiertsein, ohne etwas leisten zu müssen.
- Wenn ich zu eigenen Entscheidungen heranwachse, dann weiß ich, was zu tun ist: Ich bin kein Kind mehr, dem man alles sagen kann und muss. Ich entscheide mich selbst für eine eigene Beziehung zu Gott und zur Gemeinde der Freunde Jesu Christi: Firmung.
- Wenn ich krank bin, bleibe ich in Beziehung zum leidenden Jesus Christus, halte mich an seinem Kreuz fest, lasse mich salben mit dem heiligen Öl als Zeichen des Lebens, lasse mir Vergebung zusprechen und mich hineinnehmen in das Geheimnis des Todes und der Auferweckung Jesu Christi.
- Wenn ich an die Todesgrenze komme, gebe ich mein Leben dem zurück, der es erschaffen hat, stelle mich seinem „Gericht“, lasse mich von ihm ausrichten und mir Richtung geben durch ihn, lasse mich aufrichten und vollenden in die Fülle des Lebens hinein mit ihm.

Dies sind nur einige wenige konkrete Lebenssituationen, die wir in einer ganz anderen Qualität und intensiver erleben, wenn wir sie von Gott her deuten. Sie finden selbst für Ihr Leben noch andere.

Der christliche Glaube hat mit Ihren alltäglichen Situationen zu tun. Dass Gott uns würdig macht, ist nicht wirklichkeitsleer, welt- und existenzlos. Von Gott her verschieben sich die Todes- und Lebenslinien in unserem Umgang miteinander und für uns selbst.

Wie sich die Einstellungen zu Gott, zum Glauben und zu den Kirchen bei Kindern und Jugendlichen in den letzten Jahren verändert haben, zeigen neuere Untersuchungen, die einen interessanten Einblick in die aktuelle Situation junger Menschen geben. Die Ergebnisse stiften zu einer zeitgemäßen, religiösen Erziehung an: Sehr viele Jugendliche halten sich selbst für religiös, dagegen haben ihre religiösen Einstellungen oft wenig mit dem Leben und Glauben ihrer Kirche zu tun. Der eine glaubt das, der andere glaubt jenes. Viele Jugendliche sagen: „Ich finde es für mein Leben so richtig", andere wiederum finden etwas anderes für richtig, und viele gehen dabei irgendwelchen scheinbar religiösen Gruppierungen auf den Leim.

Die Sehnsucht nach der Überwindung des Alltagstrottes ist groß. Der Tod, das Böse, das Unberechenbare sind die Stolpersteine, die Menschen auch dieser Altersstufe aus der nüchternen, vordergründigen Welt ausbrechen und nach einer Interpretation suchen lassen, die allerdings oft sehr individuell zusammengebastelt ist.

Auffällig ist, dass es kaum Streit um die Wahrheit mehr gibt. Jugendliche sind oft standpunktlos, verlieren den Gesamtüberblick im Sinne von zusammenhängenden Glaubenswahrheiten und suchen ihre eigenen Versatzstücke für ihre persönliche Religion. Dies ist nicht verwunderlich, denn in der Gesellschaft ist derzeit insgesamt ein Abbruch der großen Traditionen zu finden, der sich auch im Bereich von Religion und Religionsunterricht auswirkt. Wie wir schmerzlich erleben, trägt vieles von dem, was wir selbst noch in der Schule gelernt haben, schon 15 Jahre später nicht mehr. Die Schnelllebigkeit der Zeit führt dazu, dass auch religiöse Orientierungen in dieser Beschleunigung nicht mehr weiterentwickelt werden. Viele Menschen verlieren zudem aufgrund der Beschleunigung des Lebenstempos den Bezug zum Nachdenklichen, Meditativen.

Im Blick auf die Familie hat sich die Ausgangslage ebenfalls stark verändert. Immer mehr Kinder sind Wunschkinder; sie sind

Ziel allseitiger Förderung und bekommen als Kind für die Eltern eine Bedeutung, die sie oft überfordert. Deutlich ist die Tendenz zur Vereinzelung der Kinder. In den Großstadtgebieten müssen Kinder telefonisch ihre Treffen ausmachen. Für viele Kinder fallen Gruppen Gleichaltriger weg, und sie müssen sich früh an der Erwachsenenwelt orientieren. Die Geborgenheit von überschaubaren Gruppen, Verwandtschaftszusammenhängen oder persönlichen Vorbildern gibt es für viele Kinder ebenfalls nicht mehr. Sie müssen sich selber orientieren und sich die Bausteine für ihr Lebensgebäude selber suchen und sind damit individuell oft überfordert. Die Geborgenheitserfahrung in einer überschaubaren Kirchengemeinde ist für viele ebenfalls nicht mehr erfahrbar.

Für Mütter und Väter dürfte interessant sein, dass kirchlich engagierte Jugendliche eine engere Familienbindung haben und sich im Vergleich zu anderen Jugendlichen erst später von zu Hause ablösen. Sie haben ein intensiveres Verhältnis zur Natur, sind weniger selbstständig und setzen sich auffällig stark für Umweltschutz ein. Diese Merkmale sind Kennzeichen einer „verlangsamten Modernität". Die Kirche wird sehr familienzentriert erlebt. Kirchlichkeit und Familie gehen ein intensives Bündnis ein. Das Kirchenjahr ist wie ein familiärer Jahreskalender. Taufe, Erstkommunion, Firmung/Konfirmation, Hochzeit und Tod sind die Höhepunkte des religiösen Lebens. Auf die Frage „Was sind die Leistungen, auf die Sie besonders stolz sind?" antworten heute sehr viele Befragte: „Dass ich eine Familie habe, dass ich liebe Kinder habe." Früher gaben mehr Befragte ihren Beruf als das an, worauf sie besonders stolz sind.

Der Vorrang dieser Familienzentriertheit führt dazu, dass viele Menschen sensibler dafür werden, dass ihre Familie eine tiefere Dimension hat und mit Gott in Verbindung steht. Ich verweise auch hier auf die Bedeutung des „Sinnüberschusses" von Religiosität für unsere Alltagserfahrung: Wenn ich mich auf die Beziehung mit Gott einlasse, weiß ich mehr vom Sinn des Lebens.

Zusammenfassend können Sie im Blick auf Kinder und Jugendliche von Folgendem ausgehen: Zum einen leben Ihre Kinder ihre Religiosität sehr individuell, suchen ihren eigenen religiösen Weg, dabei geht die Frage nach dem, was wahr und was gültig ist, verloren. Es gibt zu viele Wahrheiten, und Jugendliche sind heute umso mehr herausgefordert - und zum Teil auch überfordert - zu erkennen, was für sie wirklich Wahrheit ist. Sie sind oft einsam und auf sich selbst zurückgeworfen, und das kann gefährlich werden. Ich rate Eltern in Gesprächen immer wieder zu klarer und eindeutiger Wegbegleitung und dazu, sich Gesprächen und Diskussionen zu stellen, damit Kinder und Jugendliche verlässliche Gesprächspartnerinnen und Gesprächspartner haben.

Lassen Sie Ihr Kind mit seinen religiösen Fragen und Zweifeln nicht „im Regen stehen“!

Teil 1

Anstiftungen

3 Unsere eigenen Gottesbilder klären

Wenn wir „Kinder nicht um Gott betrügen" wollen, ist es wichtig, unsere eigenen Gottesbilder zu klären. Wir betrügen unsere Kinder nämlich nicht nur dann um Gott, wenn wir ihnen die Gottesbeziehung gar nicht erst erschließen; vielmehr betrügen wir sie um die heilsame, Heil stiftende Gottesbeziehung auch dann, wenn wir ihnen zerstörerische, einseitig auf Leistung und Tod hin orientierte Gottesbilder vermitteln. Das Sprechen von und mit Gott kann auch „nie in endgültigen und abgeschlossenen Formulierungen geschehen. Wir versuchen immer wieder Gott in unseren menschlichen Vorstellungen festzulegen. Dennoch brauchen wir solche Bilder. Gedankenlos meist mit ‚ER' angesprochen, ist die Verknüpfung und Gleichsetzung mit dem Mann und umgekehrt fraglich geworden. In der Bibel sind eine Fülle vergessener Gottesbilder zu finden, die wiederum nicht ausschließlich, sondern in ihrer Vielfalt und Gesamtheit zu sehen sind: nicht die herrschaftlichen Eigenschaften Gottes (König, Richter, Herrscher ...), sondern der lebendige und nahe Gott stehen da im Mittelpunkt."[15]

Das Alte Testament stellt uns Gott als Gebärende vor (Jesaja 42,14; Deuteronomium 32,18), als stillende Mutter (Numeri 11,12) oder überhaupt als Mutter: „Kann denn eine Frau ihr Kindlein vergessen, eine Mutter ihren leiblichen Sohn? Und selbst wenn sie ihn vergessen würde, ich [Jahwe] vergesse dich nicht" (Jesaja 49,15). Viele Eltern sind jedoch mit anderen Gottesbilder groß geworden, von denen sie heute unbewusst abhängig sind. Welche Gottesbilder sind Ihnen vertraut, welche erscheinen Ihnen fremd? Wie können Sie Ihr Gottesbild beschreiben? Dazu folgende Anregungen:

Gottesbilder

*„Wie ist das nun mit den Bildern
Gott
Du sollst dir kein Gottesbild machen
heißt es in der Bibel
und doch
ist sie voll davon
du König
Herrscher
Gewaltiger
es geht ja wohl nicht anders
wir Menschen dein Abbild
können dich nicht fassen
wenn nicht du
in unseren Bildern
dich mitteilst
Vielleicht aber
lehrt uns die Geschichte
des Missbrauchs deiner Bilder
von Menschen gemacht
von Menschen genutzt zu eigenem Vorteil
auf Kosten der anderen
wie wir es halten sollen
mit den Bildern
ohne dich darin einzusperren:
Du sollst kein Bild
als Gott anbeten!
Du sollst kein Gottesbild
für alle verpflichtend machen!
Du sollst jedes Bild
durch andere ergänzen!
Du sollst mit Bildern
Menschen nicht festlegen.*

*Dann wirst du kein Gottesbild
benutzen
um Herrschaft auszuüben.“*[16]

Wenn Sie sich an die Zeit erinnern, als Sie ein Kind waren – welche Gebete oder Teile von Gebeten fallen Ihnen ein! Notieren Sie Ihre Gebete oder Teile von Gebeten und reden Sie gemeinsam über Ihre damaligen Erfahrungen, Vorstellungen, Gefühle ...

Auch heute werden Ihre Erfahrungen mit Gottesdienst und Gebeten unterschiedlich sein. Versuchen Sie für sich selbst, eine Bestandsaufnahme zu machen: Was hilft Ihnen, was hindert Sie beim Beten? Welche Gedanken, Ausdrücke, Ausreden und Bilder verwenden Sie häufiger – vorgeformt oder frei formuliert? Welche Erfahrungen und Gefühle sind für Sie damit verbunden? Wenn Sie wollen, suchen Sie sich eine vertraute Person zum Gespräch darüber.

Oft fehlen uns passende Worte, unsere Bitten, Sorgen, Freuden, Klagen im Gebet und Gottesdienst auszudrücken. Manch Vorgeprägtes ist uns vertraut, manches ist leer geworden und schränkt uns ein. So suchen Menschen im persönlichen und gemeinsamen Gebet nach eigenen lebendigen Worten und Bildern.[17]

„Ich mag nicht mehr Herr zu dir sagen ..."

„Gott ich mag nicht mehr Herr zu dir sagen
aber ich wag mich noch nicht
nicht meinen Aus-Druck

Zu lang war die Impfung zu häufig,
mit der sie dich mir einverleibt haben,
zu stark ihre Wirkung
die Lähmung die Hemmung
dickes Gemisch
aus Ängsten Macht Wahrheit Verboten,
die mein Blut aufsog
Denken mein Fühlen einzwängte,
die mein Leben abkühlte leise verhalten
eingelullt manchmal wie Tröstung

Gott
sie haben dich mir angewöhnt
vermännlicht befehlend grausam errettend –

sie haben dich mir abgewöhnt
versöhnt verjüngert verbrüdert –
Gott ich mag nicht mehr Herr zu dir sagen
Aber ich wag mich noch nicht.
Eher Abwendung mein Aufwachen
eher Abneigung mein Aufstehen
wütend manchmal und traurig
verkrüppelt gebremst –
könnte ich dich anklagen, du Gott,
ich würde frei.
Und ich hörte auf, meinen Kopf zu senken,
ich sähe dir ins Gesicht, könnte schreien –
ich stünde gerade, offen zu streiten –
und könnte
vielleicht
deinen Atem spüren."[18]

Der Wiener Psychotherapeut ERWIN RINGEL hat in dem leidenschaftlich geschriebenen Band „Religionsverlust durch religiöse Erziehung. Tiefenpsychologische Ursachen und Folgerungen"[19] die „Gottesvergiftung" durch eine neurotisierende religiöse Erziehung behandelt. Eine bestimmte Qualität von religiöser Erziehung wirkt eben gerade nicht Leben entfaltend, begeisternd oder befreiend, sondern verknechtend, Leben hemmend und unterdrückend.[20]

Wir müssen davon ausgehen, dass die entscheidenden Einflüsse und Erfahrungen, die krank machen, in den ersten sechs Lebensjahren zu finden sind, wo sie neurotische Konflikte erzeugen. Ein ganz wesentlicher Punkt ist der, dass fehlende Liebe – in der Weise offener oder verdeckter Ablehnung des Kindes – oder auch halbherzige „korrupte" Liebe (teilweise ja, teilweise nein) und falsche, besitzergreifende Liebe krankmachende Veränderungen und Neurosen begünstigen. Kinder merken sehr wohl, ob unsere Einstellung zu ihnen zweideutig ist, ob also einer bewussten Zuneigung eine unbewusste Feindseligkeit und ein unbewusster Hass gegenüberstehen. „Das Kind, welches sich nicht geliebt fühlt, fühlt sich schlecht; man denke nur an den RÜCKERTschen Vers: ‚Dass Du mich liebst, macht mich mir wert.'"[21]

Ohne in diesem Zusammenhang eine Lehre über Neurosen entwickeln zu können, halten wir dennoch wichtige Symptome fest, die durch uns Eltern an Kindern hervorgerufen werden können: Angst, Minderwertigkeitsgefühle, unbewusste Schuldgefühle, unbewusste Selbstbestrafung, Rückfälle auf frühere Entwicklungsphasen (Regressionen) und Wiederholungstendenzen.[22]

Ich vertrete nicht den kurzschlüssigen Ansatz, dass wir Eltern durch eine entsprechende Psychologie jegliches Unheil von unseren Kindern fernhalten könnten. Aber wir haben sehr wohl die Verantwortung, unsere Kinder nicht dadurch um Gott zu betrügen, indem wir ihnen ein lebens- und liebesfeindliches Gottesbild erschließen und ihnen psychisch damit schaden.

Wir Menschen sind alle in eine individuelle und gesellschaftliche Unheilssituation hineingeboren. Wir Menschen sind von unserer Zeugung an auch negativen, destruktiven Kräften ausgesetzt, das heißt: Wir finden uns ständig in Situationen wieder, zu denen wir subjektiv überhaupt nichts beitragen, und doch haben wir, wenn wir am Ende unseres Lebens diese Welt verlassen, zu dieser Unheilssituation immer auch das Unsrige dazugetan.

Wesentliche Elemente der kirchlichen Verkündigung setzen sich mit dieser Unheilssituation auseinander. Die Taufe beispielsweise ist voller Symbole des Lebens, der Zusage und der Hoffnung: Wasser zum Leben, Licht in der Dunkelheit, Chrisam als Zeichen der Würde – ‚Du bist ein Königskind', das weiße Kleid als Zeichen der Einladung zum großen Gastmahl über den Tod hinaus. In all dem wird eine positive christliche Grundeinstellung zum Leben unterstützt. „Ziel einer christlichen Persönlichkeitsentwicklung ist die ‚Selbstverwirklichung' und das ganzheitliche Heilwerden des Menschen" in der Gottesbeziehung.[23]

Die zentrale christliche Zusage, dass Jesus Christus aus dem Tod auferstanden ist und damit auch für uns den Widersinn des Todes überwunden hat, ist die intensivste und stärkste Deutung dieser Symbole im Angesicht unabänderlicher Unheilssituationen.
Wie also sollen wir mit unseren Kindern von Gott sprechen, welches Gottesbild sollen wir ihnen erschließen?

Wenn wir über Gott sprechen, können wir dies mit positiv-bejahenden Aussagen tun, etwa über seine Liebe: ‚Gott überwindet den

Tod', ‚Jetzt ist die Oma ganz nah bei Gott' und in bildhaft beschreibenden Worten, etwa so: ‚Gott ist überall', ‚Gott ist unendlich'. Es ist nicht möglich, den christlichen Gott im Sinne logischer Schlussfolgerungen zu erfinden oder abzuleiten. Gott selbst hat sich in seinem Sohn Jesus Christus uns Menschen gezeigt, er wurde und wird in persönlichen Begegnungen früher und heute erfahren.[24]

In theologischer und psychologischer Sicht können wir festhalten: Das Bild von Gott bleibt in seiner Fülle und als Ganzes dem Menschen unbegreiflich und nicht fassbar. Für die Entstehung und Entfaltung des kindlichen Gottesbildes kann der Einfluss der Eltern jedoch nicht hoch genug eingeschätzt werden. Die Eltern-Kind-Beziehung wird zunächst auf die Beziehung zu Gott übertragen. Auch das Selbstwertgefühl des Kindes und Heranwachsenden hat in der Familie seine Wurzeln und wirkt sich wesentlich auf die Gottesbeziehung aus.

Neben den Eltern spielen auch die Beziehungen der Kinder zu anderen wichtigen Bezugspersonen und Bezugsgruppen eine große Rolle. Die Entstehung des Gottesbildes wird auch durch die Hinweise der näheren und weiteren Umgebung auf Gott mitbestimmt.[25] Generell gilt: Ohne bewusste Auseinandersetzung – im Gespräch wie in religiöser Erlebenspraxis – besteht die Gefahr, dass der Glaube und seine Gottesbilder unreflektiert übernommen und nachgeahmt werden; es kann sich dann keine eigene Gottesbeziehung bilden.[26]

Auch Kirchengemeinden können ihre Kinder um Gott betrügen

Nicht nur Eltern können ihren Kindern den Weg in die Gottesbeziehung verbauen. Auch viele Gemeinden „betrügen ihre Kinder um Gott", weil eine kinderfeindliche Form von Liturgiegestaltung und eine wenig kinderfreundliche Atmosphäre vorherrscht. Ich kenne eine große Zahl von sehr familienfreundlichen und kinderengagierten Gemeinden, so dass die folgenden Überlegungen erfreulicherweise nicht alle Gemeinden treffen, und vielleicht haben Sie das Glück, in einer Gemeinde zu leben, wo es bereits völlig anders zugeht.

In nicht wenigen Gemeinden aber werden Gottesdienste so gefeiert, dass Eltern und Kinder allemal nichts verstehen können, dass Eltern und Kinder sich zurecht unwohl fühlen müssen. „Kinder dürfen nicht um den Altar herumstehen“ – der Gedanke, der dahinter steckt, ist: Kinder sollen sich an den Erwachsenengottesdienst anpassen. Auch heute noch gibt es wie damals „Jünger“, die meinen, dass Kinder Jesus stören würden. Im Markus-Evangelium ist dazu eine einschlägige Begegnungssituation beschrieben:

> „Einige Leute wollten ihre Kinder zu Jesus bringen, damit er sie berühre; aber seine Jünger fuhren sie an und wollten sie wegschicken. Als Jesus es merkte, wurde er zornig und sagte zu den Jünger: ‚Laßt die Kinder doch zu mir kommen und hindert sie nicht daran; denn für Menschen wie sie steht Gottes neue Welt offen. Ich versichere euch: Wer sich Gottes neue Welt nicht schenken lässt wie ein Kind, wird niemals hineinkommen.‘ Dann nahm er die Kinder in die Arme, legte ihnen die Hände auf und segnete sie“ (Mk 10,13–16).

Wenn Jesus in manche Gemeinden käme, würde er vermutlich einen ordentlichen Konflikt anzetteln. Gemeinden haben nicht das Recht, Gottesdienst so zu feiern, dass Kinder und Eltern nichts verstehen. Sprachformen und Gesten können so lebensnah und kindorientiert weiterentwickelt werden, dass in diesen Gesten das Geheimnis der Jesus-Christus-Beziehung verstehbar und wahrnehmbar wird. Diese Herausforderung hat jede Generation der Kirche neu zu bestehen.

Meine These ist: Wenn sich Gemeinden in der Liturgiegestaltung nicht auf intensivere Symbolisierungen, verstehbarere Sprachebenen einlassen, werden sie an einer ganzen Generation von Kindern und Eltern schuldig. Diese werden sich innerlich distanzieren (müssen), weil sie diese Art von Liturgie nicht mehr mit vollziehen können. In solchen Gemeinden wird es in der Zukunft keine Gottesdienste mehr geben. Jeden Sonntag sollte ein Gottesdienst familienverstehbar und kinderfreundlich gefeiert werden.

Es gibt offizielle „Hochgebete“ für Kinder, und es gibt für die Gestaltung des Wortgottesdienstes so viele Möglichkeiten, Kinder und Eltern einzubeziehen, ohne dass damit die Grundstruktur der römisch-katholischen Liturgie angetastet wird. An Vorschlägen für Symbole, Geschichten und Rollenspiele, die das Evangelium verstehbarer machen, fehlt es nicht. Es gibt dazu eine breite Literatur von erprobten Bausteinen, Texten und Erfahrungen.[27] Schließen Sie sich als Eltern zusammen und gestalten Sie regelmäßig Familiengottesdienste mit.

Dämonische Gottesbilder – Gottesbeziehung und nicht Gottesvergiftung

Wir können Kinder durch dämonische Gottesbilder um Gott betrügen. Die These lautet: Viele Kinder werden dadurch um Gott betrogen, weil ihnen kaputtmachende Gottesbilder vermittelt werden, von denen sie sich später notwendigerweise entweder ablösen müssen oder sie ein Leben lang unter diesen Gottesbildern zu leiden haben.

Bestimmte Vorstellungen über Gott können Menschen krank machen. Eine solche religiöse Erziehung ist schlimmer als gar keine. Es ist also sehr wohl nachzufragen, in welcher Qualität wir Kindern Gott erschließen sollen. Gerade wenn Eltern in ihrer eigenen religiösen Erziehung niedermachende Gottesbilder vermittelt bekamen, haben sie um so mehr die Aufgabe, diese kaputtmachenden Gottesbilder zu klären und sie nicht einfach unreflektiert ihren Kindern weiterzugeben. Diese von mir geäußerte Vorsicht ist nicht überflüssig.

Die folgenden Überlegungen wollen solche Eltern anregen, ihre eigenen Gottesbilder zu überdenken und zu verändern. Kinder brauchen eine Gottesbeziehung und keine Gottesvergiftung.

Die wichtigsten dämonischen Gottesbilder, die der Pastoraltheologe Karl Frielingsdorf SJ in einer langjährigen Untersuchung mit 591 Personen erforscht hat, machen mich sehr nachdenklich:

- der strafende Richtergott
- der dämonische Todesgott
- der Buchhalter- und Gesetzesgott
- der überfordernde Leistungsgott als ein Versucher unserer Zeit.

Der strafende Richtergott

Dieses Bild zeichnet einen unerbittlichen Gott, der keinen Widerspruch duldet und keine Barmherzigkeit kennt. In einer negativen Steigerung kann er zum unberechenbaren Willkürgott werden, dem man ohnmächtig ausgeliefert ist. Oft kommt es zur Selbstbestrafung, um den „unerbittlichen Richtergott ... gnädig zu stimmen und so der Verurteilung zu entgehen".[28]

Im Bild des allmächtigen Vatergottes wird oft der strenge, strafende Richtergott weitertransportiert, der über seine Kinder verfügt. Kinder stellen sich demnach Gott oft so vor wie den eigenen strengen und übermächtigen Vater, der ihr eigenes Leben kontrolliert, einschränkt und sie streng bestraft. „Der destruktive Teufelskreis der Selbstbestrafung und Lebensverneinung ist letztlich nur zu durchbrechen, indem das einseitige Pseudo-Gottesbild des grausamen und unerbittlichen Richtergottes als dämonisch entlarvt und durch positive Gottesbilder der biblischen Offenbarung ersetzt oder ergänzt wird."[29]

Der dämonische ‚Todes'-Gott

Der ‚Todes'-Gott ist ein „Dämon, der nicht das Leben, sondern Tod bringt."[30] Dieses dämonische Gottesbild entsteht in der Erfahrung des Kindes, dass die Eltern über sein Wohl und Wehe, sein Leben und seinen Tod bestimmen – und zwar von der Zeugung an.[31] Dies halte ich angesichts der Abtreibungsdiskussion für eine wichtige Feststellung, die auch in der gesellschaftlichen Auseinandersetzung mit diesem Thema ernsthaft zu bedenken und einzubringen ist.

In den ausgewerteten Lebensskripten der untersuchten Personen sieht der Psychologe und Theologe KARL FRIELINGSDORF bestätigt, dass wesentliche Erfahrungen und Grundeinstellungen über das Leben bereits in der vorgeburtlichen Phase gemacht werden und dass von den positiven und negativen Erlebnissen der vorgeburtlichen Zeit nichts verloren geht.[32] „Viele suchen ... einen Ausweg in zwanghaften Verhaltensweisen, die helfen sollen, sich abzusichern und sich unangreifbar zu machen für diesen Todesgott."[33] Zu solchen Absicherungen zählt auch ein lebenslanger, zwanghafter Perfektionismus, der Schutz vor dem Todesgott gewähren soll. Frielingsdorf geht davon aus, dass einen wirklichen Ausweg nur eine bewusste „Entscheidung gegen den Tod und für das eigene, von Gott zugesagte Leben"[34] bietet.

Der Buchhalter- und Gesetzesgott

„Der Buchhaltergott ist ein gefühls- und herzloser Dämon, ein Robotergott, der jeden Fehler und jedes Vergehen des Menschen gegen das Gesetz automatisch registriert und aufschreibt für die große Endabrechnung beim Letzten Gericht."[35] Er wird oft mit dem unerbittlichen Richtergott in Verbindung gebracht. Durch den Spruch „Ein Auge ist, das alles sieht, auch was in finstrer Nacht geschieht"[36] wurde bei vielen Kindern „systematisch eine Sündenangst geschürt, und sie wurden zur Skrupelhaftigkeit hin erzogen."[37]

Menschen mit solchen negativen „Gottes"-Erfahrungen können sich von ihrem dämonischen Gottesbild nur dann lösen, wenn sie den gnädigen, sich zuwendenden Gott der biblischen Offenbarung näher kennen lernen und ihn zum Beispiel durch Meditation auch emotional in sich hineinlassen. Ein wichtiger und letzter schwieriger Schritt in der Auseinandersetzung mit diesem Buchhalter- und Gesetzesgott ist: „sich selbst zu vergeben und sich vergeben zu lassen."[38]

Der überfordernde Leistungsgott als ein Versucher unserer Zeit

Die große Gefahr dieses dämonischen Gottesbildes: Indem dieser scheinbar gute Gott „den Menschen zur Übertreibung einer in sich guten Leistung verführt, erreicht er letztlich die Selbstzerstörung und damit den Tod des Menschen, der zusätzlich in dem Glauben lebt, ‚Gottes Willen zu erfüllen'."[39]

Hinter diesem Leistungsdenken steht eine eigenartige Lehre, die fordert, dass jeder zu leisten hat, was er schuldig ist, und dass jedem geleistet werden muss, was ihm zusteht.[40] Dieses alte, grundlegende Vergeltungs-Prinzip kommt in dem Satz ‚Do ut des' (lat.) – ‚Ich gebe, damit du mir gibst' – ‚Gibst du mir, dann geb ich dir' – zum Vorschein. Das Thema Leistung und Erfolg gibt es im religiösen Bereich auch in der Form eines geistlichen Aktivismus, der diesem „Leistungsgott“ zu entsprechen versucht und bisweilen ruinöse Folgen hat.

Positive Gottesbilder

Zu Recht werden Sie jetzt fragen: Welches sind denn nun die *positiven* Gottesbilder, die ich meinem Kind ja gern vermitteln möchte?

Positive Gottesbilder sind:

- Gott, der jeden Menschen als sein Ebenbild geschaffen hat und ihm das Leben in Fülle schenkt.
- Gott, der das Leben des Menschen als „guter Hirt“ begleitet und schützt.
- Gott, der als ‚mütterlicher' Vater für die Menschen sorgt.
- Gott, der mit dem Menschen leidet und ihn durch das Leid und den Tod hindurch zum Leben befreit.

Im Blick auf die aktuelle kirchliche Situation sind auf diesem Hintergrund ernsthafte Fragen zu stellen, aus welchen Quellen und nach welchen Maßstäben gläubige Christen, aber auch hauptamtliche VerkündigerInnen des Glaubens wirklich leben. Dazu gehört auch die Frage, welche Gottesbilder die offizielle Kirche den Menschen in den Veröffentlichungen der letzten Jahre vermittelt hat und ob nicht die von vielen als autoritär erlebte römische Kirchenleitung zu Rückschlüssen auf ein autoritäres Gottesbild anleitet, das die Menschen innerlich ablehnen.

Auch das Bild von Gott, das die einflussreichen Medien zeichnen, nimmt massiv Einfluss auf Eltern und Kinder. „Wo ist noch das in der Taufe verheißene Leben in Fülle zu spüren im Sinne von Hoffnung, Zuversicht, Engagement, Ausblick, Sehnsucht, Freude und Frohbotschaft?“[41] Wir müssen uns tatsächlich die Frage stellen, ob nicht die Vorbehalte und Schwierigkeiten junger Eltern, ihre Kinder religiös zu erziehen, mit diesen negativen, unbewussten Gottesbildern zu tun haben, die nicht lebensförderlich und lebensaufbauend, sondern vielmehr lebenshemmend sind. Wer wird schon einen Weg beschreiten, der ihm als lebenshinderlich erscheint?

ERWIN RINGEL, dem als Psychotherapeut und Selbstmordforscher nach eigener Einschätzung die „Beziehung zu Gott, die wichtigste zu sein scheint, die es überhaupt gibt“[42], versucht jahrelang, Eltern klarzumachen, dass es sehr darauf ankommt, Kinder fühlen zu lassen, dass sie geliebt und respektiert sind, weil Gott es gut meint mit uns, und dass Eltern sich deswegen gemeinsam mit den Kindern auf den Weg mit Gott machen sollen. Nur unter solchen Bedingungen könne von einer Nachfolge Christi gesprochen werden. „Wenn aber die Kinder als Untertanen behandelt werden, denen die Religion einfach aufgezwungen wird, die Gott auf der anderen Seite stehend erleben, dann darf man sich nicht wundern, wenn sie in jenem Moment, wo sie sich von den Eltern zu lösen beginnen, ihre eigene Selbstständigkeit entwickeln, also in der Pubertät, nicht nur die Eltern abschütteln, sondern auch die Religion, die sie eben nicht als ihre Sache, sondern als Sache der Eltern erlebt haben. Ich möchte es dem Statistiker überlassen, festzustellen, wie hoch der Prozentsatz der Menschen ist, die dem Glauben in der Pubertät verloren gehen; mir geht es hier nicht um ein Spiel mit Zahlen. Aber eines steht jedenfalls fest: Es sind viel zu viele, die in diesem Zeitpunkt abfallen, und es ist unfassbar, zu sehen, dass die Kirche dem zuschaut, als müsste es so sein. Solange sie von sich aus nichts tut, um mit ihrer Lehrautorität eine Änderung des elterlichen Verhaltens herbeizuführen, so lange muss man sich damit begnügen, an jedes einzelne Elternpaar die Bitte zu stellen, sich auf ihre Verantwortung gegenüber den Kindern auch bezüglich des religiösen Bereiches zu besinnen, was ich hiermit tue.“[43]

Ich habe bereits darauf hingewiesen, dass wir Religion nicht für unsere eigenen Erziehungszwecke gegenüber den Kindern oder sogar gegen die Kinder missbrauchen dürfen. Religion wird dann missbraucht und zu einer Funktion gemacht, damit wir uns im Leben besser zurechtfinden und möglicherweise durchsetzen. Viele Menschen missbrauchen Religion allerdings auch dazu, sich selbst zu bestrafen. Damit wird das Gottesbild verzerrt und der Erlöser der Welt zum Weltenrichter. Es entstehen starre Persönlichkeitsstrukturen; solche Menschen meinen, sie müssten sich durch selbstzerstörerischen Verzicht gegen einen zürnenden und strafenden Gott rechtfertigen und bringen sich selber durch ihr endloses Opfer in eine Lage, deren Gegenteil sie eigentlich suchen: Sie isolieren sich von Gott und den Menschen. Solche engen und skrupulösen Einschätzungen müssen – falls sie vorhanden sind – im Gespräch mit Kindern rechtzeitig entdeckt werden, um ihnen ein positives, befreiendes Gottesbild zu erschließen und nicht Verbitterung, Ratlosigkeit und Verzweiflung hervorzurufen.

Gerade wenn wir uns darauf besinnen, dass es die zentrale Botschaft des Christentums ist, dass Gott es gut mit uns meint, dass er uns Heil schafft, dass er uns heil macht, dann können solche Formen religiöser Erziehung von vornherein nicht sinnvoll sein. Jesus war eben gerade kein Asket, er hat keine religiösen Übungen vorgeschrieben. Seine Botschaft ist Liebe: Gottesliebe, Selbstliebe und Nächstenliebe. Sie ist die Freude des ankommenden Reiches Gottes, das alle Menschen heil macht. Jesus wettert gegen alles das, was uns hindert zu lieben, was uns hindert, das Reich Gottes, das heißt das Reich des Liebens und Geliebtwerdens wahrzunehmen. Er wettert daher gegen Geld und Macht, gegen Unterdrückung und Ungerechtigkeit; und er holt nicht zufällig – einmalig und unerhört für seine Zeit – Frauen nahe an sich heran, heraus aus ihrer Diskriminierung.

Mit diesem biblisch fundierten Gottesbild wird Kindern in der religiösen Erziehung eine „Neue Welt" eröffnet. Sie können die Umfassungserfahrung wahrnehmen, die in dem Begriff „Reich Gottes" steckt, das Jesus mit vielen Gleichnissen und Bildern farben- und lebensfroh als große Zukunft von uns Menschen verkündet hat: Wir sind im „Bereich Gottes".

Nicht wenige Eltern benutzen Gott lediglich als Begründung für eigene Erziehungszwecke und Vorstellungen. Religion wird nach wie vor von Eltern gegen Kinder eingesetzt, um sich selber besser durchsetzen zu können.

In zahlreichen Gesprächen bin ich in den letzten Jahren immer wieder auf dasselbe Problem gestoßen: Viele Eltern wollen ihre Kinder eigentlich religiös erziehen, haben aber aufgrund der eigenen schlechten Erfahrungen mit religiöser Erziehung Hemmungen, dies zu tun. Zum einen wollen sie jene Qualität religiöser Erziehung, die sie selbst erlebt haben, auf keinen Fall mit ihren eigenen Kindern realisieren. Zum anderen haben Eltern den Eindruck, lieber gar keine religiöse Erziehung, als Fehler zu machen, die Kindern nachher vielleicht schaden könnten.

Dazu sind einige Überlegungen anzustellen, wie Widerstände und Hemmungen abzubauen sind, die uns behindern, Kinder religiös zu erziehen.

Die Erfahrung machen wir Eltern ja auf ganz verschiedenen Gebieten, dass wir manches ganz anders mit unseren Kindern vollziehen, als wir es von unseren Eltern her kennen. Beispiele dafür gibt es genug. Die Erziehungsstile der eigenen Eltern sind ja in der Regel nicht übertragbar auf den mit unseren eigenen Kindern. Und dennoch erziehen wir unsere Kinder eben in der Weise, wie wir es für richtig halten - wobei nicht auszuschließen ist, dass wir unterbewusst durch den in unserer Kindheit erlebten Erziehungsstil gesteuert sind.

Es ist sehr wichtig, dass wir uns auch im Bereich der religiösen Erziehung von manchen eigenen negativen Erfahrungen ablösen und eine entsprechende neue Qualität mit unseren Kindern finden. Aus dem eigenen Erleben mißlungener religiöser Erziehung abzuleiten, Kinder erst gar nicht religiös zu erziehen, wäre jedoch eine unlogische und nicht zu begründende Entscheidung. Oder sollte es sinnvoll sein, die eigenen Kinder dafür zu bestrafen, dass wir in unserer eigenen Kindheit eine missratene religiöse Erziehung erleben mussten?

Weiterhin ist es unverständlich, dass sich bei vielen der Eindruck festsetzen konnte, für eine religiöse Erziehung müsse man besonders vorgebildet sein und auch ein bisschen studiert haben. Dies ist grundlegend falsch. Jeder Mensch - und ich bleibe beim Beispiel des Christentums: jede Christin und jeder Christ - kann seine Beziehung mit Gott gemeinsam mit den eigenen Kindern leben, sie auf ihrem Weg ins Leben mit Gott und den Menschen hinein begleiten, ohne dafür besonders intelligent reden zu müssen. Ich mache Eltern grundsätzlich Mut, eigene Schritte zu gehen und die für sie passende Wege zu finden, um ihren Kindern die Beziehung mit Gott zu eröffnen.

4 Unsere eigene religiöse Erziehung als Schicksal für unsere Kinder?

Für eine Selbstbesinnung darüber, wie wir selbst unseren Glauben kennen gelernt, was wir förderlich und was wir hinderlich erlebt haben, können einige Fragen helfen:

- Welche Personen in meiner Kindheit und Jugendzeit haben nachhaltigen religiösen Eindruck auf mich gemacht?
- Welches waren die entsprechenden wichtigsten Situationen, an die ich mich erinnern kann?
- Welches sind meine frühesten religiösen Erlebnisse? Welche Gefühle habe ich, wenn ich daran zurückdenke?
- Wie ist mein Glaube entstanden, und was möchte ich meinen Kindern von meinem Glauben weitergeben – was nicht?
- Was ist der wichtigste Punkt meines Glaubens?
- Welche Einwände und Argumente gegen religiöse Erziehung kleiner Kinder kenne ich, welche Gegenargumente?
- Bei welchen religiösen Themen bin ich besonders unsicher?
- Über welche Themen rede ich am liebsten mit Kindern?
- Was fällt mir spontan zum Stichwort Glaube ein?[44]

Diese Fragen sind für mich hilfreich, um meine eigene religiöse Lebensgeschichte zu bedenken, aber auch um mit unseren eigenen Kindern förderlich und aufbauend die Beziehung mit Gott leben zu können.

Manchmal lasse ich Bilder aus meiner Kindheit in mir aufsteigen: wie ich mir Gott vorgestellt habe, meine ersten Erlebnisse in der Kirche, bei der Erstkommunion, beim abendlichen Beten, die Angst vor dem Beichtstuhl und einem strafenden Rächer-Gott, die Lebensphasen, in denen ich mich freischwimmen und zum Gottesbild Jesu Christi finden konnte, der uns anleitet, zu Gott „Abba“, das meint „Papa“, zu sagen.

Eltern als Schicksal?

Wir haben uns unsere Eltern und unsere Kinder haben sich uns nicht aussuchen können. Es ist eine geheimnisvolle gegenseitige Gabe und Aufgabe, Kind und Eltern zu sein. Eltern gehören zum „Schicksal“ ihrer Kinder. Das heißt aber nicht: ewige Bestimmung, ewige Abhängigkeit durch die Kindheit. Ich kann mich nämlich zu meiner Kindheit – zumindest so weit sie mir bewusst wird – aktiv verhalten, ich kann zu bedrückenden wie zu erfreulichen Erfahrungen Stellung nehmen. Zum Erwachsenwerden gehört auch, dass ich mich neu orientiere, unabhängig von dem, was meine Eltern von mir erwartet haben bzw. erwarten. Ich suche meinen eigenen Weg und fälle eigene Entscheidungen.

Wenn Sie also schlechte Erfahrungen mit der religiösen Erziehung durch Ihre Eltern oder durch die Kirche gemacht haben, sollten Sie sich selbst nicht auch noch dadurch schaden, dass Sie aus der Gottesbeziehung und damit aus der weitestgehenden Grundentscheidung, „wofür es sich zu leben lohnt“, aussteigen.

Viele Menschen vollziehen in der Ablösung vom Elternhaus gleichzeitig auch die Ablösung von Gott. Das ist zwar verständlich, aber es ist ein verhängnisvoller Lebensirrtum. Ich kenne Menschen, die sich um so mehr für die Gottesbeziehung interessieren, je mehr ihre Eltern ihnen diesen Weg verbauen wollten. Sie tun etwas, was die Eltern ihnen früher verstellt oder gar verboten haben, verbleiben so jedoch in der Abhängigkeit zu ihren Eltern, solange ihre Gottesbeziehung nur aus dem Protest gegen sie erwächst. Bei nicht wenigen Menschen können solche „verhinderten“ Ablösungsprozesse verborgen vorhanden sein. Die Herausforderung besteht dann darin, sich dessen bewusst zu werden und den inneren Protest aufzulösen.

5 Wie weit geht unser Einfluss als Eltern bei religiösen Überzeugungen?

Vielleicht beschäftigt Sie beim Lesen dieses Buches schon längst die Frage: Warum bin denn *ich* so wichtig dafür, dass meinen Kindern die Beziehung zu Gott erschlossen wird?

Es geschieht nur selten in der Familie, dass Kinder und Jugendliche ohne religiöse Erziehung die Gottesbeziehung kennen und realisieren lernen. Trotzdem bringt ein religiöses Elternhaus nicht automatisch religiöse Menschen hervor. Dies zeigt sich schon daran, dass eine Vielzahl von Kindern, Jugendlichen und jungen Erwachsenen den Glauben ihrer Eltern nicht übernehmen. Dennoch nehmen Eltern eine doppelte Schlüsselstellung ein: „Sie können einerseits als Ersterzieher ... den Einstieg in ein religiös-kirchliches Leben grundlegen oder dies verhindern; und sie können darüber hinaus die religiösen (oder auch antireligiösen) Einflüsse außerfamiliärer Zweiterzieher (etwa Freunde, Schule, Öffentlichkeit) unterstützen oder abschwächen ...“[45]

Religiosität wird also in den meisten Fällen in der Ursprungsfamilie grundgelegt. Kindergarten, Schule und Glaubensgemeinschaft als zweite lebenslange Sozialisationen nehmen auf den in der Ursprungsfamilie grundgelegten Glauben Einfluss.[46] Diese erste Prägung im Elternhaus ist entscheidend für den weiteren Verlauf der Entwicklung der Religiosität. Jugendgruppen, Bekannten- und Freundeskreise üben zwar vor allem in der Phase des Erwachsenwerdens einen nicht zu unterschätzenden Einfluss auf die Entwicklung der Religiosität aus, der Einfluss der Eltern bildet aber meistens die Grundlage der weiteren Prägung.[47]

Wie wichtig es ist, dass Eltern mit ihren Kindern auch am Leben der Glaubensgemeinschaft teilnehmen, zeigen folgende Ergebnisse. Es gibt Personen, die von sich selber sagen, „an Gott zu glauben“ und die diesen Glauben auch bedeutsam finden, aber keine Gottesdienste einer Religionsgemeinschaft besuchen. Mit der zunehmenden Individualisierung des Lebens könnte ihre Zahl weiter anwachsen. Nach genauen Untersuchungen in den USA, in Großbritannien und Deutschland trifft dies allerdings nur für eine Minderheit zu: „Bei der überwiegenden Mehrheit geht ausgeprägte Religiosität in hohem Maß mit aktiver Teilnahme am Leben einer Glaubensgemeinschaft einher.“[48]

Die Religiosität der Umgebung wird unterschiedlich verinnerlicht. Sie kann zum einen unreflektiert übernommen werden. Der Glaube wird dann zur Familientradition, die wie andere Traditionsanteile weiterzugeben ist. Eine persönlich-existentielle Bedeutung erlangt diese Tradition nicht. Die andere Möglichkeit ist eine reflektierte Religiosität, die die Beziehung zu Gott je individuell anders erscheinen lässt und persönlich bedeutsam macht.

Religiosität ist das Ergebnis von Fremdeinflüssen und Selbsterfahrung. Wir können davon ausgehen, dass wir als einzelne immer der Beziehung bedürfen und fremden Einflüssen ausgesetzt sind, aber eben nicht nur das bloße Produkt solcher Einflüsse sind. Individuum und Umgebung beeinflussen sich vielmehr wechselseitig und stehen miteinander in *Interaktion.* Auf dieser allgemein gültigen Grundlage entwickelt sich Religiosität immer im Spannungsfeld von Fremd- und Selbstsozialisation.[49]

Wie sehen die sozialen Einflüsse, die zum Aufbau, Wandel und Erhalt einer bestimmten Religiosität beitragen, konkret aus?

Kinder lernen am Modell, lernen durch Instruktion, lernen durch Fremdverstärkung und soziale Bestätigung. Eltern sind deswegen sehr zentral und bedeutsam, weil Kinder an ihrem Vorbild lernen, ob Gott wichtig ist oder unwichtig. Sie lernen aber auch durch Anleitung, indem wir mit ihnen bewusst von Gott sprechen, ihnen aus der Bibel erzählen und sie zum Beten anleiten. Sie lernen durch Fremdverstärkung, indem wir ihre religiösen Fragen für wichtig halten, indem wir es unterstützen, wenn sie in die Kirche gehen wollen, indem wir ihnen Gelegenheit geben, in eine Kindergruppe zu gehen, in der sie religiöse Erlebnisse machen können. Durch eigenes, positiv erlebtes religiöses Erleben kommt es zur Selbstverstärkung. Eigenes Denken und Fragen ermöglicht Reflexion, und durch eigenes Probieren werden religiöse Verhaltensweisen selbst geleitet.

„So können soziale Einflüsse und Lernprozesse durch individuelle Lernvorgänge eine Religiosität anregen, die – mehr oder weniger stark – in die Motive, Reaktionsmuster, Bewertungen und

Bewältigungsstrategien aufgenommen, internalisiert wird, die für eine Person maßgeblich sind."[50]

In einer Untersuchung gaben mehr als 800 Studenten in Australien auf die Frage „Welche drei Personen haben den größten Einfluss auf ihre religiösen Überzeugungen gehabt?" folgendes an: Als Person mit dem allerstärksten Einfluss nannten die Katholiken zu 55% die Eltern, nahezu 11% Freunde und 8% Mitarbeiter der Kirche. Bei Anglikanern gaben 39% ihre Eltern an, 24% Freunde und 17% Mitarbeiter der Kirche.

Renate Köcher kann aufgrund von Untersuchungen nachweisen, dass der Wille der Eltern, ihre Kinder religiös zu erziehen, in der Bundesrepublik abgenommen und sich die Bindung an die Kirchen in der Bevölkerung gelockert hat.[51] Interessant ist auch, dass spirituell interessierte junge Menschen (Fachausbildung, kritische Einstellung) sich eher anderen religiösen oder esoterischen Richtungen anschließen als denen des Elternhauses.[52] Und dennoch sind Vater und Mutter am häufigsten als die Person genannt, die Glaubensüberzeugungen am stärksten beeinflussen.

Auch andere Untersuchungen[53] ergeben, dass die Kinder später ihrer religiösen Einstellung eher verbunden bleiben, wenn Glaube und religiöse Praxis im Elternhaus als wichtig erlebt wurden. Eine Untersuchung von Allensbach[54] zeigt darüber hinaus, dass sich katholische Jugendliche über 16 Jahren in Westdeutschland wesentlich häufiger als religiös bezeichnen, wenn sie in einer kirchlichen Jugend- oder Ministrantengruppe sind oder an Ferienfahrten der Gemeinde teilgenommen haben.

Die Untersuchung von U. Boos-Nünning / E. Golomb[55] weist ebenfalls auf die Bedeutung einer kirchlichen Jugendgruppe während der Jugendzeit hin, auf die Bedeutung eines späteren, religiös-konfessionellen Bekannten- und Freundeskreises und auf die Notwendigkeit des Kontaktes mit den Geistlichen der Gemeinde.

Der Einfluss der Eltern ist durchaus entscheidend und einzigartig; aber die große Zahl der jungen Menschen, die den Glauben der Herkunftsfamilie nicht übernehmen, zeigt, dass der elterliche Einfluss Grenzen hat. Es ist von religiösen oder auch antireligiösen außerfamiliären Miterziehern auszugehen, die den Einfluss der Eltern unterstützen oder abschwächen. Dazu gehören auch die

Medien. Der Einfluss der Eltern im Blick auf den religiösen Bereich hängt damit zusammen, ob sie ihr Kind motivieren, beispielsweise zum Gottesdienst der Glaubensgemeinschaft zu gehen, oder ob dies für sie zweitrangig ist. In der Pubertätsphase geht ihr Einfluss notwendigerweise zurück, da dann der Ablösungsprozess dringend erforderlich wird und Vorrang hat. In diesem Kontext ist die Teilnahme am Leben der Glaubensgemeinschaft in kompetent und profiliert geleiteten Jugendgruppen auch außerhalb der Familie bedeutsam.

Untersuchungen zeigen, dass sich Religiosität dann besonders ausprägt, wenn Menschen am Leben einer konkreten Glaubensgemeinschaft aktiv teilnehmen. Dies kann auch damit zusammenhängen, dass religiöse Gruppierungen, die eine hohe Aktivität erwarten, Menschen mit starker religiöser Motivation anziehen. Die sozialen Einflüsse, die mit dieser aktiven Teilnahme verbunden sind, wirken umgekehrt auch wieder auf die religiöse Einstellung zurück.[56]

Dass es in Prozessen religiöser Erziehung auch krankmachende Abhängigkeiten geben kann, zeigen religiöse Gruppen, in denen ein „Führer" in den Mittelpunkt gestellt wird, dem unbedingter Gehorsam in emotionaler Abhängigkeit geleistet wird.[57] Umso wichtiger kann es für Ihr Kind werden, eine aufbauende, die eigene Persönlichkeit stärkende religiöse Erziehung zu erleben. Falls Ihr Kind in eine solche negative Gruppe gerät, greifen Sie rasch ein, bevor es Ihnen entfremdet wird. Dies sind aber eher Ausnahmen.

Der Vorbehalt „religiöse Manipulation" hat aber noch eine andere überraschende Seite: Von der „antiautoritären Erziehung" her kamen immer wieder Einwände, dass Kinder durch religiöse Erziehung generell manipuliert würden. Das Gegenargument dazu lautet: Jegliches Begreifen der Wirklichkeit bedient sich vorausgesetzter Deutungsmodelle. Auch die Entscheidung, Kinder von religiösen Lebensdeutungen fernzuhalten, wäre eine manipulative Entscheidung.[58] Niemand, der sich verantwortlich mit Erziehung beschäftigt, kann die Auseinandersetzung mit frühkindlichen religiösen Fragen aussparen; wer dies dennoch tut, trifft damit auch eine Entscheidung, nämlich die, Kindern eine wesentliche Möglichkeit, ihr Leben religiös zu deuten, vorzuenthalten.

„Mein Kind soll später selbst entscheiden ..."

Kinder haben ein Recht auf religiöse Erziehung. Wenn es im deutschsprachigen Raum so weitergeht, dass Eltern im Blick auf ihre Kinder alles Mögliche wichtig ist, nur die religiösen Fragen ihrer Kinder nicht und sie Religion chemisch rein ausklammern, bereiten sie ihre Kinder letztlich nicht kompetent auf das Leben und Sterben vor.

Die Tabuisierung von Religiosität in der Familie macht keinen Sinn. Den Spruch „Mein Kind soll später selbst entscheiden dürfen, welche Religion es wählen will" halte ich für entwicklungspsychologisch völlig verfehlt. Ein Beispiel: Ich rede ja auch nicht zehn Jahre mit meinem Sohn oder mit meiner Tochter nicht deutsch oder schwäbisch oder wie auch immer, nur weil vielleicht mein Kind später sagen könnte: „Eigentlich wollte ich ja Chinesisch lernen. Ich wollte ja gar nicht Schwäbisch sprechen." Oder: „Ich wollte ja gar nicht Deutsch lernen. Ich wollte Türkisch lernen. Ihr habt alles falsch gemacht."

Kinder nehmen zunächst einmal an der Sprache der Eltern teil, auch an ihren Riten und an dem, was ihnen wichtig ist. Kinder beteiligen sich zunächst einmal, sie fädeln sich ein in die Kommunikation und in das ganz normale alltägliche Leben. Wenn zu diesem alltäglichen Leben auch gehört, abends mit dem Kind eine biblische Geschichte zu lesen oder vor dem Essen ein kurzes Gebet mit dem Kind zu sprechen, dann lernen Kinder ganz einfach, ohne große Probleme oder große Anstrengungen, ein religiös sprachfähiger Mensch zu werden. Deswegen beraubt diese Haltung „Mein Kind soll später selbst entscheiden..." ein Kind der Möglichkeit, religiöse Sprachkompetenz auszubilden, nimmt ihm die Möglichkeit, eine religiöse Grammatik zu entwickeln, von der her es später dann mit den anderen Religionen einen Dialog aufnehmen kann. Wenn ein Kind für Religiöses erst gar keine Antennen entwickeln kann, dass es vielleicht Gott geben könnte, dann ist es nachher ungleich schwieriger, sich für einen religiösen Weg zu entscheiden.

Eine spätere religiöse Entscheidungsfähigkeit hängt nicht von einer religionslosen frühkindlichen Erziehung ab, sondern von geistlicher Beweglichkeit, Kritikfähigkeit, Erlebnistiefe und ähnlichen Faktoren.

„Menschsein ist nur in den konkreten geographisch-historischen Ausprägungen möglich; das gilt auch für den religiösen Bereich.“[59]

Dabei ist allerdings zu beachten: Dem Kind darf nicht die Gestaltungsfreiheit gegenüber vorgegebenen Vorstellungen genommen werden. Manche religiösen Gruppierungen vertreten streng geschlossene Systeme. Das andere Extrem aber wäre, dem Kind gar keine helfenden Vorgaben für seinen Weg mitzugeben und von ihm zu verlangen, seinen Weg alleine zu suchen und sich seine Normen selbst zu geben. Religiöse Vorstellungen können ordnende und strukturierende Bedeutung für die Interpretation des eigenen Lebens haben. Viele Eltern handeln nach der – selbstverständlichen – Überzeugung, ihrem Kind für die Nahrungsaufnahme und die Hygiene einen gewissen Stil geben zu müssen. Das Bedürfnis nach Stil und Interpretation der eigenen Lebenswirklichkeit wird von denselben Eltern jedoch oft übergangen, wenn es um religiöse Vorstellungen geht.

Sie werden jetzt vielleicht fragen: „Wozu brauche ich ausgerechnet die Kirche zur Deutung meines Lebens?“ Ich erinnere an eine Erfahrung, die Sie ähnlich aus anderen Lebenszusammenhängen kennen und die auch auf den religiösen Erfahrungsraum zutreffen: Wenn viele Menschen angerührt sind von einer Idee, einem Erleben oder einem Vorhaben, so auch wenn Menschen angerührt sind, sich angesprochen fühlen von der Botschaft und Person Jesu und sich auf ihn einlassen, dann entwickelt sich eine Glaubensgemeinschaft Gleichgesinnter, und in dieser Gemeinschaft entwickeln sich Traditionen und Symbole. Diese können hilfreich sein, wenn sie kritisch durchdrungen und angeeignet werden. Denn Religiosität drückt sich in jedem Menschen anders aus.[60] Sie will sich verleiblichen in konkreten Symbolen und Handlungen. Denn wenn es stimmt, dass die Beziehung zu Gott uns Menschen ganz angeht, mit allen unseren Möglichkeiten, Begrenzungen und Hoffnungen, dann kann eine nur angelernte, oberflächlich und rational bleibende Religiosität nicht genügen. Ich spüre vielmehr, dass *ich ganz* durchdrungen werden möchte von den Hoffnungszusagen und Liebeszuwendungen Gottes. Nicht umsonst singen Zehntausende von Jugendlichen aus aller Welt mit der ökumenischen Mönchsgemeinschaft in Taizé immer wieder den Wiederholungsgesang „Misericordias Domini in aeternum cantabo" – „Die Zuwendung Gottes werde ich in Ewigkeit besingen". Sie besingen Gott, der uns unbedingt liebt und uns auch in den Leidsituationen nicht alleine lässt.

6 Wie mit Kinder glauben lernen?

Kinder lernen in allen Bereichen zunächst durch Nachahmung und Mitvollzug. Zwar sind eine Reihe von Verhaltensweisen instinktiv angelegt, z.B. das Saugen an der Mutterbrust, konkrete Handlungsvollzüge und Weltdeutungen aber werden durch Nachahmung und Identifikation erlernt. Diese Art des Lernens kann wie folgt charakterisiert werden:

- Es ist ein Lernen ohne direkte Anweisung, Information oder gar Bevormundung.
- Das Verhalten anderer Personen ist hinreichender Anlass zum Lernen: Sie als Eltern sind ganz besonders „wichtige Andere" (signifikant Andere).
- Nachahmung erfolgt unbewusst und ohne Reflexion, ist also nicht immer absichtliche Nachahmung und gezieltes Nachstreben eines Vorbildes. „Schon sehr kleine Kinder sind daher in der Lage, auf diese Weise neues Verhalten zu lernen, ihr bisheriges Verhalten zu verändern oder ganz aufzugeben. Man lernt auf diese Weise z.B. das Einhalten und Übertreten von Anordnungen, emotionale Reaktionen, Interessen, Vorlieben, Motivationen, aber auch Formen des kognitiven Verhaltens, die Verwendung von bestimmten Wörtern usw."[61]
  Das beobachtete Verhalten kann aber auch erst zu einem späteren Zeitpunkt ausgeübt werden.
- „Beim Beobachtungslernen wird kein Zwang auf das Kind ausgeübt. Es steht ihm frei, aus dem Beobachteten lernend Konsequenzen zu ziehen. Darin liegt neben einem wesentlichen Vorzug dieses Lernverfahrens auch seine Grenze. Es bleibt ungewiss, ob das Kind ein Lernangebot nutzen wird oder nicht."[62]

Auch religiöses Handeln wird durch *Beobachtung* und *Nachahmung* erlernt. „Die psychoanalytische Annahme, dass Kinder in einer Art Einverleibungswunsch zu einer ‚vorbildlichen Identifizierung' mit dem Elternteil neigen, dem sie gleich sein wollen (...), könnte manches an dem wahllosen, emotionalen und unbewussten Charakter verständlich machen ..."[63]

Welchen Einfluss andere Vorbilder ausüben (Geschwister, Verwandte, Freunde Lehrer), ist damit noch nicht geklärt. Klar ist jedoch, dass Religiosität als eine Möglichkeit, positive Erlebnisse zu machen, erlernbar ist. „Es wird verständlich, dass die Eltern ... eine einzigartige Bedeutung für die religiöse Sozialisation der Kinder haben. Es wird auch klar, warum diese die religiös-kindlichen Einstellungen ihrer Eltern umso wahrscheinlicher übernehmen, je mehr sie ihr Verhältnis zu ihnen als von Zuneigung und partnerschaftlichem Verhalten gekennzeichnet sehen und als warm einstufen."[64]

Religiosität wird aber nicht nur am Modell, sondern auch durch *Unterweisung* und *Belehrung* erworben. Dabei ist zu unterscheiden zwischen einer kommunikativen und einer indoktrinierenden Belehrung. Besonders hilfreich ist eine begleitende Belehrung in Kleingruppen, bei der auf die emotionale Ansprechbarkeit und die Widerstände des Einzelnen deutlicher eingegangen werden kann, so dass Religiosität persönlichkeits- und erlebnisbezogen erfahren und weiterverarbeitet wird. Die Belehrung in Großgruppen dagegen erfolgt meist nur auf der Wissensebene und hat wesentlich weniger persönlich bedeutenden Charakter. Ich gebe der kommunikativen Belehrung den Vorzug, da eine indoktrinierende Belehrung auf eine oftmals unreflektierte Übernahme einer Lehre zielt, während die persönliche Auseinandersetzung und religiöse Identitätsbildung zu kurz kommt.

Die Grundfrage lautet: „Soll die Überlieferung *buchstäblich* (literal), sozusagen unübersetzt, angenommen und weitergegeben werden – oder ist sie *je neu* auf gewandelte Fragen, Erkenntnisse und Schwerpunkte hin *zu interpretieren*!"[65] Eine interpretative Auslegung zeichnet sich dadurch aus, dass sie zwischen wandelbaren Buchstaben und dem Geist, der die Buchstaben trägt, unterscheidet. Die Buchstaben ändern sich im Lauf der Geschichte; der sie tragende Geist jedoch bleibt gültig. Die interpretative Auslegung trennt zeitabhängige Denk- und Ausdrucksweisen vom zeitübergreifenden Geist der Ursprungserfahrung, um die Bedeutung für heute verstehbar zu machen.[66]

Der dritte wichtige Weg, Religiosität zu lernen, ist der durch *Fremdverstärkung und soziale Bestätigung.* Damit ist nicht Manipulation gemeint. Vielmehr geht es darum, dass Religiosität als etwas Ernstes, auch für andere Menschen Bedeutsames erfahren wird. Religiosität bedarf des Zeugnisses durch andere Menschen, Sie als Eltern sind für diesen Prozess der Verstärkung und Bestätigung bedeutsam. Dies gilt für viele andere Lernprozesse aber auch.

Ein leicht einsichtiges Beispiel: Ihr zweijähriges Kind spielt mit einem anderen gleichaltrigen Kind gemeinsam und friedlich mit einer Puppe. Es ist für Kinder bedeutsam, eine Bestärkung für dieses gemeinsame Spiel zu bekommen. Damit bewirken Sie mehr, als Ihr Kind zu bestrafen, wenn es sich mit einem anderen Kind um die Puppe streitet und dieses auf den Kopf schlägt.

Verstärkung eines bestimmten Verhaltens durch andere ist eine Maßnahme, die dazu führt, dass ein bestimmtes Verhalten häufiger auftritt. Dahinter stecken natürlich bewusste und unbewusste Bewertungs- und Entscheidungsprozesse. Schließlich bestärken Sie Ihr Kind nur in Verhaltensweisen, die Sie für wichtig oder sinnvoll halten. Ebenso wird religiöses Verhalten durch Bestärkung gestützt oder durch Nichtbeachtung behindert. Wenn sich beispielsweise ein Kind im Gottesdienst wohl fühlt, will es wieder hingehen. Außerdem: Wenn die emotionale Verbundenheit mit der Religionsgemeinschaft nicht allein durch die Familie vermittelt wird, sondern sich auf eine religiöse Gruppenzugehörigkeit erstreckt, kann dies zu einem wichtigen Motiv für eine intensivere Verbundenheit mit der Glaubensgemeinschaft Kirche werden. Dies bezieht sich auch auf Feste und Feierlichkeiten. Wenn Kinder etwa in einem Kinderchor, in einer Jugendgruppe oder in der Klassengemeinschaft immer wieder Gottesdienste mitgestalten, verstärkt dies ihr Zugehörigkeitsgefühl zur kirchlichen Gemeinschaft enorm. Wesentlich ist dabei, dass diese Erfahrungen im befreienden Glauben gemacht werden.

Zusammenfassend können wir feststellen, dass nicht nur durch die Eltern, sondern auch durch den Bezug der Kinder zur Gemeinschaft der Gläubigen und zu ihren Aktivitäten die nötige innere

Plausibilität, echtes Verstehen und Begreifen religiösen Verhaltens erwächst.

In diesem sozialen Kontext hat die Kirche ihre hohe Bedeutung als Glaubensgemeinschaft: Ohne die vielen anderen Menschen, die den Weg mit Jesus zu Gott gehen, ist der christliche Glaube nicht erlebbar und zukunftsfähig. Die durch gemeinsames Beten und Feiern in der Kirche oder auch in Gruppen erwachsende soziale Bestätigung lässt all das plausibel und lebenswert erscheinen, was eine vom Kind geschätzte Bezugsperson oder Bezugsgruppe ihm vermittelt und was für diese selbstverständlich ist.

Die Familie legt auf einmalige Weise Grundsteine für die Religiosität von Kindern. Sie kann auch für den Einstieg in ein aktives religiöses Leben entscheidend sein. Deutlich wird aber auch die Rolle von außerfamiliären Bezugspersonen, die bei der langsamen Ablösung vom Elternhaus immer mehr Bedeutung bekommen, z. B. Kinder- und Jugendgruppen. Mit Nachahmungslernen ist ja auch ein Teilhaben verbunden. Die Kinder und Jugendlichen nehmen aktiv an den Lebensvollzügen anderer teil - auch an den religiösen - und schaffen dadurch für sich neue Bedeutungen und operieren mit ihnen.

In der Pubertät ändert sich dann Schritt für Schritt die Bedeutung der Eltern für ihre Kinder. Sie lösen sich ab, suchen ihren *eigenen* Zugang zur Beziehung mit Gott. Eine kirchliche Jugendgruppe mit vielen froh machenden und bestätigenden Erfahrungen kann hier weiterhelfen.

Wie sich der Gottesglaube bei Kindern entwickelt

In der Baby- und Kleinkindphase ist der Glaube vorsprachlich. Da sich das Bewusstsein noch im Entstehen befindet, kommt es vor allem darauf an, dass Vertrauen entstehen kann, mit dem das Kind seiner Umwelt und anderen Menschen begegnet. Deswegen kann man davon ausgehen, dass auf dieser Stufe die Basis einer späteren religiösen Entwicklung von Vertrauensglaube grundgelegt wird.

Der evangelische Religionspädagoge FRIEDRICH SCHWEITZER hat die entwicklungspsychologische Diskussion zur Religiosität von Kindern und Jugendlichen übersichtlich zusammengefasst. Es ist in Anlehnung an die Forschungen von J. W. FOWLER zunächst von einer 1. Stufe der Entwicklung des Glaubensverständnisses, einem *intuitiv-projektiven Glauben*, auszugehen. Der Denkversuch der 3-jährigen Betty kann dies verdeutlichen[67]:

> „Bei einer Autofahrt sagt die dreijährige Betty, ohne dass ein Anlass dafür deutlich gewesen wäre: ‚Wußtest du schon, dass Mutter den Kopf von Gott in sich hat?' Die Begleiterin schenkt dieser Äußerung keine Beachtung. Erst als Betty nach einer Weile sagt: ‚Hast du nicht gehört, was ich gesagt habe: Die Mutter hat den Kopf von Gott', sieht sie sich genötigt, auf Bettys Mitteilung einzugehen. Sie stellt, völlig unwissend, worum es sich denn handeln könnte, auf gut Glück eine Frage: ‚Und was hat dein Vater?' Sie erfährt, dass er ‚ein Bein' habe, und fährt fort, nach jedem der 5 Geschwister von Betty und nach ihr selbst zu fragen. Nachdem Kopf, Arme und Beine verteilt sind, werden die letzten beiden Angehörigen nur mehr ‚mit einem Stück' Bein bedacht. Nach erfolgter Mitteilung lehnt Betty sich zurück und singt wieder.
> Diese Vorstellung der Zerstückelung des Leibes Gottes zugunsten der eigenen Familie entspricht durchaus der konkretistischen und egozentrischen Vorstellung des kleinen Kindes. Betty versucht nämlich, das Problem der Allgegenwart Gottes, auf eine ihr verständliche Weise zu lösen. Auf die Auseinandersetzung mit diesem Problem wurde sie offenbar durch eine Unterhaltung mit der Mutter gestoßen. Betty hatte einige Tage vorher gehört, dass Gott überall sei. Sie hatte die Mutter mit einer Reihe von Fragen bedrängt, wie die, ob Gott auch im Zimmer sei, auch in der Mutter und auch in ihr selbst, und von der Mutter immer wieder die Antwort ‚ja' erhalten. Ihr Wissen darum, dass auch das kürzlich geborene Schwesterchen in der Mutter gewachsen sei, ist in die Vorstellung von Gottes Allgegenwart mit eingegangen."

Dieses Beispiel zeigt, dass Kinder Äußerungen von Erwachsenen mit Hilfe ihrer Phantasie weiterentwickeln und sich daraus ihren eigenen Reim machen: „Gott ist überall, aber nicht in der Hand".[68]

Die 2. Stufe wird *mythisch-wörtlicher Glaube* genannt. Diese Stufe der Entwicklung des Glaubensverständnisses wird als *mythisch* deswegen bezeichnet, weil jetzt die Mythen, Geschichten und Symbole, die Kinder aus ihrer Umwelt herausfiltern, eine zentrale Bedeutung für ihre Orientierung in der Welt haben. Diese Mythen werden *wörtlich* genommen, also dem Wortsinn nach verstanden und noch nicht als symbolische Sprache erkannt. Das wörtliche Verstehen von symbolischen Texten führt denn auch dazu, dass Gott ganz wie ein menschliches Wesen aufgefasst wird.

F. Schweitzer erschließt dies in einem Ausschnitt aus einem Interview mit der zehnjährigen Millie, das J. W. Fowler in seinen Forschungen vorgestellt hat:

„*Millie*: Gott ist wie ein Heiliger. Er ist gut und er – regiert so die Welt, aber in einer guten Weise. Und –
Interviewer: Wie regiert er die Welt?
Millie: Ja, er regiert nicht wirklich die Welt, sondern – hm, Moment, er – er lebt oben auf der Welt und wacht stets über alle Menschen. Jedenfalls versucht er es. Und er tut, was er für richtig hält. Er tut, was er für richtig hält, und versucht, das Beste zu tun und – er lebt oben im Himmel und –
Interviewer: Kann man denn in den Himmel kommen?
Millie: Wenn man will und wenn man an Gott glaubt, dann kann man in den Himmel kommen.
Interviewer: Und wenn man nicht will oder nicht an Gott glaubt? Was passiert dann?
Millie: Dann geht man in die entgegengesetzte Richtung.
Interviewer: Und wo ist das?
Millie: Unten, unter der Erde, wo der Teufel lebt.
Interviewer: Ach, ich versteh. Kannst du sagen, was der Teufel ist?
Millie: Der Teufel ist auch ein Heiliger, aber er glaubt an das Böse und daran, alles falsch zu machen. Genau das Gegenteil von Gott. Und er macht immer Sachen, von denen Gott nicht will, dass man sie tut.
Interviewer: Hat er Macht über die Welt?
Millie: Der Teufel? Hm, nein. Gott – nein. Ich denke nicht... Das ist eine schwierige Frage. Gott hat nicht wirklich Macht über die

Welt. Er wacht nur über sie sozusagen. Und der Teufel ist wie eine kleine Maus, die an den Käse möchte. Er versucht hereinzukommen, aber ich meine, es gelingt ihm halt nicht. [...]"

Dieser kurze Abschnitt zeigt, wie Millie sich ganz an mythischen Vorstellungen (‚oben auf der Welt') orientiert. Diese Vorstellungen nimmt sie wörtlich – jedenfalls finden wir in dem Interview keinen Hinweis darauf, dass sie an eine Bedeutung im übertragenen Sinne denkt. Das Gottesbild trägt menschliche, allzu menschliche Züge: Gott ‚wacht stets über alle Menschen. Jedenfalls versucht er es'.

Die Stärke dieser Stufe liegt in der Offenheit für das, was man erzählten Sinn nennen könnte: Sinn, der sich dem erschließt, der in Geschichten lebt. Solche Geschichten zu erkennen und dann auch kritisch darüber nachzudenken, das ist auf dieser Stufe noch nicht möglich. Der Wortsinn bestimmt die Grenze des Verstehens."

Bei der 3. Stufe geht es um den *synthetisch-konventionellen Glauben*. „Hier ist zunächst der zweite Begriff wichtig: *konventionell*. Denn der Glaube ist auf dieser Stufe noch kein *persönlich* angeeigneter Glaube; er ist vielmehr von anderen übernommen und von anderen abhängig. Daraus erklärt sich sein *synthetischer* Charakter: Die einzelnen Inhalte und Überzeugungen werden nicht innerlich zusammengehalten – sie sind nicht daraufhin geprüft, ob sie sich zueinander fügen und ein stimmiges Ganzes ergeben. Ein eigenes, kritisches Urteil wird nicht gefällt. Es kommt für diesen Glauben immer darauf an, was die anderen – die Freunde, die anderen Kirchenmitglieder, die Kollegen – glauben.

„*Interviewer*: Linda, wenn du sagst, du *weißt*, woran du glaubst..., kannst du versuchen zu beschreiben, *wie* du dazu kamst zu wissen, woran du glaubst?
Linda: Ich denke, durch Religion. Ich bin immer zur Kirche gegangen und so. Und meine Eltern, sie haben mich immer geführt... Sie haben mir immer beigebracht, dass Gott immer da ist und dass er – wissen Sie – die einzige Möglichkeit ist, dass das Leben gelingt... Man ist abhängig von ihm, und ich glaube wirklich an ihn – und wissen Sie, wie man sagt, dass Gott auf viele geheimnisvolle Weisen spricht? Ja, in einem gewissen

> Sinne hat er sehr oft zu mir gesprochen... Ich meine wirklich, dass er mich an den Ort geführt hat, an dem ich heute stehe. Denn häufig dachte ich, die Welt ist nur, wissen Sie, ich fühle halt nichts. Aber dann, an diesem Morgen, werde ich einfach ein Gefühl haben, dass ... ich denke, dass Jemand da ist, wissen Sie?“

Linda ist etwa 15 Jahre alt. In ihrer Antwort spielen die Kirche und die Eltern eine große Rolle. Auf sie führt Linda ihren Glauben zurück. Auch wenn nicht deutlich ist, ob sie hier nur von ihrer Vergangenheit erzählt oder den Grund ihres Glaubens nennt, so kann man doch das Fehlen jeder kritischen Stellungnahme als typisch für Fowlers Stufe 3 ansehen.

Teil 2

Religiöse Erziehung und Wertorientierung

7 Welche Religiosität sollen wir in der religiösen Erziehung anstreben?

Der Münchner Religionspsychologe BERNHARD GROM[69] hat darüber nachgedacht, welche Qualität von Religiosität denn erstrebenswert sei. Immerhin müssen wir bedenken, dass Religion Menschen niederhalten und sie in unwürdige Abhängigkeitsstrukturen bringen kann. Das ist nicht nur in bestimmten Sekten so, die Menschen in gefährliche psychische Abhängigkeiten bringen, um sie dann noch besser für ihre Ziele einzusetzen. Auch in den großen Kirchen gibt es immer wieder Gruppierungen, die eine Angstreligion verbreiten, die mit dem Anspruch des Evangeliums nicht vereinbar ist und damit Menschen kurz- oder langfristig in Probleme stürzt. Die folgenden Unterscheidungen halte ich daher für sehr bedeutsam, weil es mir nicht um irgendeine religiöse Erziehung an sich, sondern um eine bestimmte Qualität von religiöser Erziehung geht.

(1) Aus psycho-hygienischer Sicht ist eine Religiosität wichtig, die für die Entwicklung der eigenen Persönlichkeit größtmögliche Freiheit von Angst- und Hassgefühlen zum Ziel hat – eine Religiosität, welche die Reifung der Beziehung zum eigenen Ich, zu anderen Menschen und zu dem Schicksal, das wir zu tragen haben, anstrebt. Der amerikanische Psychologe CARL ROGERS beschreibt dies als Wachstum des voll sich entfaltenden Menschen. Anstatt einer angstmotivierten, erlebnisüberdeckenden, wunsch- und situationsfixierten Religiosität ist eine erfüllungsmotivierte, hingabefähige, einsichtsbestimmte, situationsoffene und erlebnisverwurzelte Religiosität anzustreben.

Der jüdisch-christliche Glaube meint personale Nähe zu Gott. Nicht umsonst spricht die alttestamentlich-jüdische Überlieferung in Begriffen wie „sich festmachen in Jahwe" (GERHARD VON RAD), „Amen-sagen zu Gott" (ALFONS WEISER), „Bund" als Hingabe aus ganzem Herzen und aus ganzer Seele (Walter Gross), Ergriffensein in der Tiefe. Die christliche Offenbarung gipfelt darin, dass Gott selbst Mensch geworden und in unüberbietbarer Nähe mit uns ist, das Leid der Welt selbst durchlebt und uns Menschen damit auch im Leid nahe ist.

Religiöses Wissen muss „Lebenswissen" sein. Dies geschieht beispielsweise dann, wenn wir mit Kindern Teile des Psalms 23 gemeinsam beten: „Der Herr ist mein Hirte, nichts wird mir fehlen. Er lässt mich lagern auf grünen Auen und führt mich zum Ruheplatz am Wasser ..." diese Verse sind ein hervorragendes Gebet für Kinder und Eltern. Die Zusage, die in diesen Psalmversen steckt, will uns Menschen Mut machen: Gott meint es gut mit unserem Leben. Für Kinder und uns Erwachsene ist es wichtig, dass wir die Gottesbeziehung als hilfreich für unser alltägliches Leben erfahren.

(2) Religiosität darf nicht von außen aufgepfropft werden. Folgendes Beispiel für eine lediglich von außen herangetragene, inhaltlich nicht gedeckte Form von Religiosität kann dies verdeutlichen:

„Ein Kind von 4 Jahren war daran gewöhnt, sein Nachtgebet vor einem religiösen Bild zu sprechen. Eines Tages machte es einen Besuch. Als es abends eingeladen wurde, seine Gebete zu sprechen, fand es kein Bild. Es ging an den Tisch, holte sich die Titelseite der Zeitung und verrichtete davor in voller Zufriedenheit sein Gebet. Die Worte dieses Gebets, das es sprach, hatten für es im Grunde keine andere Bedeutung als die Worte seiner Kinderreime."[70]

Beten bedeutet für dieses Kind wohl einfach: Vor einem Bild bestimmte Worte sprechen, wie es die Eltern vorgemacht hatten und nachgeahmt sehen wollten – verbunden auch mit der Freude des Kindes am feierlichen Klang und Rhythmus religiöser Sprache.[71]

Beim Beten lernen kommt es darauf an, mit den Kindern auch inhaltlich über das nachzudenken, was wir beten, was wir gemeinsam tun. Dies ist allerdings ein längerer Prozess. Mit unserem damals dreijährigen Kind haben wir folgende Situation erlebt: Wir beteten in dieser Zeit beim Mittagessen öfter das Gebet – abwechselnd mit anderen Gebeten: „Komm, Herr Jesu, sei unser Gast und segne, was du uns bescheret hast." Als wir vor dem Beten David fragten, welches Gebet wir heute beten sollten, sagte er: „Das Gebet mit der Schere." Ihm war in dieser frühen Phase noch nicht klar, welche Bedeutung das Wort „bescheren“ hat. Im Laufe der Entwicklung des eigenen Denkens erweitert sich, begleitet von den Eltern, ein solches religiöses Verständnis. Immerhin aber hatte David in dieser Situation bereits soweit mitgedacht, dass ihm „das Gebet mit der Schere“ offenbar gerade am besten gefallen hat.

(3) Religiosität darf niemals angsterfüllt und angstmachend, sondern muss erfüllungsmotiviert sein. Angstmotiviert ist Religiosität dann, wenn das Beten zum „strengen Vollzug“ wird und wenn die religiösen Handlungen sowie die gesamte Beziehung zum Göttlichen überwiegend als Zwang erlebt werden.

Erfüllungsmotivierte Religiosität ist dann gegeben, wenn die Beziehung zu Gott als Quelle von Hoffnung, von Geborgenheit, von Bestätigung des eigenen Selbstwertes, von Dankbarkeit und der Erfahrung von Sinn erlebt wird, also zur Erfüllung des Lebens führt. Angstorientierte Religiosität kann entstehen, wenn eine Person generell angsthaft und zwanghaft ist, sie entsteht aber auch dann, wenn in der Erziehung einseitig auf den strafenden Gott verwiesen wird.[72]

Für uns Eltern ist es deswegen sehr bedeutsam, zunächst unsere eigene Gottesbeziehung daraufhin anzuschauen, ob wir Gott als angstmachend erlebt haben und möglicherweise immer noch erleben, und wie diese Einstellung zustande kam. Sonst kann es passieren, dass sich unsere eigenen Angstvorstellungen auf unsere Kinder übertragen.

(4) Religiosität kann überwiegend wunschbestimmt und selbstbezogen oder eher hingabefähig und von Einsicht bestimmt sein. Wenn ich Gott lediglich zum Götzen meiner eigenen Wünsche mache und in ihm nur den sehe, der für meine Zwecke funktionieren muss, habe ich ein schiefes Gottesbild. Wenn nur das Bedürfnis nach Schutz, Besitz, Lust und Geltung in Erfüllung gehen soll, verbleibt Religiosität auf der Ebene der eigenen Wunschbestimmung und letztlich selbstbezogen. Religiosität ist jedoch zu verstehen als Hingabe an Gott, zu dem ich um seiner selbst willen bete und dies als Erfüllung erlebe.

Beispiel: Ein Soldat, der früher ungewöhnlich fromm gewesen war, betete, als er im Niemandsland lag und den Angriff erwartete. Die in diesem Augenblick explodierende Granate riss ihm den Arm ab und machte ihn blind. Von diesem Moment an wurde er nach eigener Aussage totaler und militanter Atheist.

Gegenbeispiel: Ein anderer Soldat wurde ebenfalls bei einer Kriegshandlung blind, und er erzählte, eine überreiche Entschädigung erhalten zu haben durch das innere Licht und durch den inneren Frieden, der über ihn gekommen sei, und dass seitdem seine Hingabe an Gott neu erweckt worden sei.

Kindern ein wunschorientiertes Bild von Gott zu vermitteln führt dazu, dass sie lediglich in Notsituationen an Gott denken, im Bittgebet ausschließlich selbstbezogene Wünsche formulieren und sich enttäuscht von Gott abwenden, wenn ihre Wünsche nicht erfüllt werden. Viele Kinder und Jugendliche hören tatsächlich auf, an Gott zu glauben, weil ihnen Gott auf diese fragwürdige Weise erschlossen wurde: Er hat meine Wünsche nicht erfüllt, er ist zu nichts zu gebrauchen, also brauche ich ihn auch nicht. Hingabefähige Religiosität liebt Gott um seiner selbst willen. Er ist der Aufmerksamkeit, Verehrung und des Vertrauens aus sich selber wert.

(5) Sehr viele Menschen haben zwar ein bestimmtes Grundvertrauen, eine positive Lebenseinstellung und ein soziales Empfinden, kommen aber nur schwer so weit, zu Gott „DU“ sagen zu können. Hier könnte zum Beispiel durch verschiedene Formen von Meditation eine Brücke gebaut werden.

Bei einer Atemmeditation – ich folge eine Zeitlang ruhig dem Fluss meines Atems: ein ... und aus ... ein ... und aus ... Ich spüre, dass Atem mich belebt, erfrischt, befriedet. Ein anderer Weg wäre: beim Einatmen *Oh* und beim Ausatmen *Du* sagen oder denken. Damit spreche ich Gott behutsam als Gegenüber an.[73]

Der biblische Weg lädt uns Menschen ein, zu Gott „DU“ zu sagen. Als Glaubende haben wir nicht nur Vertrauen „ins Leben“, sondern auch in den persönlichen Gott des Lebens, zum Schöpfer der Welt. Wir können uns unter dem Anspruch dieser Beziehung gerufen fühlen, nach unseren Möglichkeiten Liebe und Gerechtigkeit in Familie und Gesellschaft zu realisieren. Diese vertrauende Nähe weiß christlicher Glaube darin begründet, dass Gott in Jesus Christus Mensch geworden ist, in allem uns gleich: in Liebe und Freude, aber auch Leid und Tod, und er nimmt uns mit hinein in die Auferweckung der Toten.

Christinnen und Christen, die in Gott ein lebendiges Gegenüber sehen, sagen zu Gott „Vater“. Sie fühlen sich gerufen, Jesus Christus „nachzufolgen“, ihm zu vertrauen und mit ihm zu Gott zu gehen.[74]

(6) Religiosität soll nicht nur singulär situationsgebunden sein, sondern sich auf alle Lebenssituationen erstrecken: Da alle Lebenssituationen mit Gott zu tun haben, ist es eine Verengung, Religiosität etwa nur auf die Situation eines Gebetes pro Tag einzuschränken. Nicht nur einzelne Teile unseres Lebens haben mit Gott zu tun, sondern unser ganzes Leben. Für Kinder ist es daher wichtig, dass wir mit ihnen üben, uns in allen Situationen - auch in den schweren - an Gott zu halten. Gott ist auch im Leid anwesend, er ist der Garant für die Überwindung des Todes und aller Ungerechtigkeiten in seinem kommenden Reich. Auch wenn ich Gott wie der von allem Leid geschlagene Ijob anklage, ich verbleibe gerade auch in der Klage in Beziehung mit ihm.

(7) Religiosität kann einerseits erlebnis-überdeckend, andererseits erlebnis-verwurzelt sein. Statt einer Angst vor Gott und anstelle der Vorstellungen von einem (selbst gemachten) Wunschgott sind Vertrauen in den Gott und Vater Jesu sowie Hingabe- und Bindungsfähigkeit anzustreben. Hingabe- und Bindungsfähigkeit wurzeln in der Gesamtperson, sind also nicht lediglich willentlich aufgesetzt. Viele Menschen kennen diese Spannung: Sie sagen einerseits zu Gott „Vater“ und „wissen“, dass Gott alles ängstliche Sorgen gegenstandslos macht, dennoch sind sie von einer hoffnungslosen Angst befallen und bleiben im Lebensgefühl eines „gottlos Religiösen“ verhaftet.

Ein Beispiel dafür ist auch, dass es Menschen gibt, die in Gottesdiensten Dankpsalmen beten, ihn als Schöpfer preisen, aber umgekehrt düstere Fingerfarbenbilder malen, die Gleichgültigkeit und Sinnlosigkeit signalisieren.

Ich strebe für mein Leben und meinen Umgang mit Menschen an, Gott zu vertrauen, mich ihm zu überlasen, mich ihm hinzugeben, und mit allen Fasern des eigenen Lebens daran zu glauben, dass ER es gut meint mit unserem Leben - auch in den dunklen Situationen.

8 Macht religiöse Erziehung hilfsbereit? – Familie als Lernfeld

Wer seinen Kindern die Beziehung mit Gott erschließen will, muss mit ihnen Nächstenliebe leben lernen.

Es gibt die weit verbreitete Meinung, dass Kirchgängerinnen und Kirchgänger moralisch auch nicht besser und hilfsbereiter seien als diejenigen, die nicht zur Kirche gehen. Neuere Ergebnisse zeigen jedoch, dass es einen Zusammenhang zwischen Kirchgang und Hilfsbereitschaft gibt. Der Wiener Pastoraltheologe und Religionssoziologe PAUL MICHAEL ZULEHNER hat in einer Untersuchung nachweisen können, dass sich von österreichischen jugendlichen Kirchgängern 27 %, von Nicht-Kirchgängern aber nur 13 % bereit erklärten, statt eines Zusammenseins mit Freunden einen Sonntagnachmittag mit einem Körperbehinderten zu verbringen. Interessant ist auch, dass sich 46 % dieser Jugendlichen, die in die Kirche gehen, aber nur 18 % der Nicht-Kirchgänger bereit erklärten, einen Geldbetrag für die Entwicklungshilfe zu spenden, anstatt ihn im Café auszugeben.

Ein Problem dieser Untersuchungen: Sie können nicht das tatsächlich praktizierte Handeln untersuchen, sondern geben vielmehr nur einen Einblick in die Selbsteinschätzung der untersuchten Personengruppe, wie diese sich verhalten „würde". Dadurch ergibt sich eine Unschärfe: Möglicherweise machen die Befragten Angaben in eine bestimmte Richtung, weil zum Beispiel Hilfsbereitschaft in ihren Augen als sozial erwünscht gilt oder weil sie sich in ihrem Selbstbild gerne hilfsbereit sehen. Eine Untersuchung des realen hilfsbereiten Verhaltens ist damit also noch nicht gegeben.

Eines ist jedoch sicher: Lebenswert wird unsere Welt nur wieder bzw. bleibt sie nur dann, wenn wir uns auf Hilfsbereitschaft, Solidarität, Friedfertigkeit und Verantwortung für die Bewahrung der Schöpfung zurückbesinnen. Das sind keine verstaubten Tugenden, sondern Überlebensfähigkeiten, die Kinder im Leben Erwachsener kennen lernen und schrittweise selbst praktizieren lernen sollen.

Nächstenliebe lässt sich ohne Selbstliebe nicht realisieren. Wer meint, dass er sich dauernd für andere aufzuopfern hat und selber dabei zurückstecken muss, dem kann die Fähigkeit abhanden kommen, sich sozial zu behaupten und sich nicht unterdrücken und verspotten zu lassen.

Beispiel Familie

Hilfsbereites Handeln vollzieht sich in der Familie, wo Kinder unmittelbar und Tag für Tag den Unterschied zwischen asozialem und prosozialem Verhalten als zerstörerisch bzw. hilfreich erleben. Ich halte es für selbstverständlich und notwendig, dass Kinder sich an der Hausarbeit beteiligen, dass dabei keine Unterschiede zwischen Jungen und Mädchen gemacht werden, sondern dass partnerschaftliches Zusammenarbeiten in der Familie von Anfang an eingeübt wird. Die Küche aufräumen, mithelfen beim Spülen und beim Reinigen der Zimmer darf nicht nur eine Aufgabe der Mutter oder der Töchter sein. Wir haben in unserer eigenen Familie die Erfahrung gemacht, dass auch Jungen von vornherein mitlernen können zu kochen, ihr Zimmer aufzuräumen, selber zu putzen, Kuchen zu backen oder zu bügeln. Sie lernen dies durch Mitvollzug etwa dann, wenn sie schon als kleiner Junge beim Kuchenbacken helfen. Gerade im Bereich der geschlechtsspezifischen Erziehung ist darauf zu achten, dass wir Ungerechtigkeiten aus der traditionellen Rollenverteilung nicht auf Generationen hin durch unsere Erziehung neu festschreiben. Unsere Kinder müssen auf die sich wandelnde Situation im Berufsleben – unter anderem auch auf die steigende Berufstätigkeit der Frauen – vorbereitet werden, um damit flexibel umgehen zu können; nicht wenige Partnerschaften zerbrechen gegenwärtig an dieser veränderten beruflichen Rollenverteilung.

„Zur Zeit Jesu und der frühen Kirche (bei Paulus) versuchten Frauen und Männer, im gemeinsamen Alltag gleichberechtigt zu leben. Das Gelingen dieses Miteinander war abhängig von den jeweiligen Gemeindemitgliedern. Auch in der späteren Zeit gestalteten sich die Möglichkeiten der Einflussnahme in der Kirche unterschiedlich: Während einerseits Frauen sehr stark aus allen Machtbereichen zurückgedrängt wurden, gab es andererseits weiterhin selbstständige und einflussreiche Frauen."[75]

Heutzutage sind die Spielräume von Gleichberechtigung und Integration der Frauen kirchlich immer noch sehr eng gesteckt[76]:

- „Putzend, auf Knien schrubbend, vorbereitend und Männern zuarbeitend, unsichtbar hinter den Kulissen, schweigend, demütig und gehorsam ... – so sollen christliche Frauen sein!
- Gebärend, nährend und aufopfernd, schützend, bergend und voll von Liebe ... – so sollen christliche Frauen sein!"

Auch Papst Paul VI. und Johannes Paul II. bestätigen dies. – So sollen christliche Frauen sein: „... Rollen, die Gottes Plan der christlichen Frau zugedacht hat: als liebe Tochter, als reine und starke Jungfrau, als liebevolle Braut, vor allem als Mutter, die in Ehre und voller Würde zu halten ist, und schließlich als Witwe fromm, im Leid geprüft und unermüdlich" (Paul VI., 17. 8. 1975).

„Jungfräulichkeit und Mutterschaft ... zwei besondere Dimensionen bei der Verwirklichung der Persönlichkeit einer Frau, erlangen im Licht des Evangeliums in Maria, die als Jungfrau Mutter des Gottessohnes geworden ist, die Fülle ihrer Bedeutung und ihres Wertes ... Die Mutterschaft steht im Zusammenhang mit der personalen Struktur des Frauseins und mit der personalen Dimension der Hingabe" (Johannes Paul II., Apostolisches Schreiben *Mulieris Dignitatem* vom 30.9.1988).

Folgende Anregungen helfen bei der Überwindung überkommener Rollenbilder, die Frauen und Männern, Mädchen und Jungen gleichermaßen die für die Gottesbeziehung so wichtige zwischenmenschliche Beziehung erschweren:

> „Verschiedene Übungen sind nötig, um die tief geprägten Sprachmuster zu verändern. Dabei ist besonders im Bereich des Religiösen (...) darauf zu achten, dass keine religiösen Gefühle verletzt werden durch ein zu schnelles Verändern-Wollen unseres gewohnten Sprachgebrauchs.
> Auch die Bewusstmachung unseres Sprachverhaltens kann viel an bedrückenden Emotionen und Abwehr freimachen: Es ist

nicht zu akzeptieren, dass Frauen oft übergangen, ignoriert, an die Wand gespielt werden. Auch hier ist ein langsames Bewusstmachen und schrittweises Verändern notwendig. Sinnvoll ist, sich immer wieder einzelne Details im Verhalten und in der Sprache bewusst zur Veränderung vorzunehmen ...
Viel schwerer ist die Veränderung von Lebenssituationen: Es darf nicht darum gehen, Unzufriedenheit zu provozieren, wenn Menschen in ihren Lebenssituationen glücklich sind ... Die Diskussion über Rollenbilder und über die selbst gewählten oder zugewiesenen Rollenverteilungen trifft einen sehr persönlichen Bereich jeder Frau. Selbstverständnis und Zufriedenheit bzw. Unzufriedenheit hängen eng mit den eigenen Rollen zusammen. Hier möge darauf geachtet werden, dass kein gegenseitiges Ausspielen und Bewerten der Rollen stattfinden: Nicht jede Frau muss berufstätig oder verheiratet oder mit Kindern ... sein, um glücklich zu sein. Wichtig ist, dass die Buntheit und Vielheit der eigenen Interessen ihren Platz finden ...
Die Statistiken machen leider zur Genüge deutlich, dass Männer ihre Privilegien nicht freiwillig aufgeben, dass sich vieles in der Praxis noch nicht verändert hat. Zugleich kann es auch bei diesem Zahlenmaterial vorkommen, dass manche diese Fakten nicht wahrhaben und als ‚übertrieben' oder gar als ‚Lüge' abtun wollen. Dann können besonders Lieder, Spiele, Geschichten u. ä. helfen, auf verschiedenen emotionalen und persönlichen Ebenen Zugang zu diesem Thema zu schaffen.
Gerade im Bereich gesellschaftlicher Benachteiligung von Frauen ist es unverzichtbar, diese Themen gemeinsam mit Männern bzw. Jungen aufzugreifen und zu bearbeiten. Ziele des Arbeitens sind nicht gegenseitige Vorwürfe und Schuldzuweisungen, sondern das Aufzeigen und Erproben von Möglichkeiten der Veränderung, Ziel ist weiterhin ein partnerschaftliches Zusammenleben, das nicht mehr auf Kosten der Frauen geht, sondern das beide, Frauen und Männer, ihren Wünschen und Fähigkeiten entsprechend gestalten können ... Über die Arbeit an biblischen Frauengestalten oder biblischen Szenen ist der Bezug zu gesellschaftlichen Problemen gut herzustellen; gleichzeitig ist das Thema auf diese Weise für manche Frauen und Männer angstfreier und weniger belastend."[77]

Der Auftrag Gottes an Frauen und Männer ist ein gemeinsamer

„Ein Auftrag

Adam und Eva teilten das erste Paradies,
und heute teilen Männer und Frauen
die Freuden und Sorge,
den Mut und die Angst,
den Glauben und die Unsicherheit,
die Hoffnung und die Verzweiflung.

Beide in Gemeinsamkeit teilen sie
die Menschlichkeit.
Darum lass keinen Mann sich selbst
für vollkommen halten.
Lass keine Frau vor Verantwortung zurückschrecken.
Hilf zur Ganzheit der Gemeinschaft.
Mit klarem, bewussten Verstand und Einigkeit.“[78]

9 Auch Ihr Kind ist ein Philosoph

Kindern die Beziehung zu Gott zu erschließen erfordert, dass wir uns die Zeit nehmen, mit ihnen über Gott nachzudenken. Einer der Gründe für „Philosophiekurse für Kinder“ war die Sorge, dass „nach dem weitgehenden Verlust an religiös fundierter Daseinsorientierung ein Vakuum entstanden“[79] sei, dessen Ausfüllung die Eltern von der Philosophie erhofften.

Wir Erwachsene sollten die Fragen unserer Kinder nicht als eine Prüfungssituation wahrnehmen, auf die wir mit den entsprechenden Gefühlen der Hilflosigkeit und Verlegenheit reagieren. Wir brauchen keine Angst zu haben, vor dem Kind das Gesicht zu verlieren oder dem Kind immer die „richtigen“ Antworten geben zu müssen. Vielmehr ist es wichtig, sich mit dem Kind auf die Suche nach möglichen Antworten zu machen, seine Fragelust anzufachen und sie gerade nicht durch zudeckende Antworten zu ersticken. Wichtiger ist es, Neugier und Staunen, „die Sehnsucht nach Wissen“ (THOMAS VON AQUIN) zu wecken und wachzuhalten.

Wir müssen davon ausgehen, dass Kinder uns Erwachsene in der Regel nur an den wenigsten Zweifeln und Sorgen teilnehmen lassen, mit denen sie sich abmühen. Die geistigen Nöte können aber für sensible Kinder, die damit allein nicht zurechtkommen, zu einer großen seelischen Belastung werden.[80]

Die kindliche Entwicklungsstufe der Naivität und philosophischen Unbedarftheit darf nicht unterdrückt oder bekämpft werden. Vielmehr müssen wir davon ausgehen, dass das mythische Denken ein notwendiger Vorläufer des wissenschaftlichen Denkens in der geistigen Entwicklung des Individuums ist.[81] Die bei Kindern anzutreffende Naivität meint ja keineswegs Ahnungslosigkeit und intellektuelle Unbedarftheit. Kinder sind in dieser Phase vielmehr noch frei von herkömmlichen Denkschablonen, sie prüfen in phantasievoller Unbefangenheit scheinbar längst erledigte Fragen und allgemein abgetane Überzeugungen.[82]

„Das Gespräch ist die nützlichste und natürlichste Übung unseres Geistes.“[83] Es ist eine alte Erfahrung, dass Kinder, mit denen wenig gesprochen wird, in ihrer geistigen und seelischen Entwicklung und in ihren sprachlichen und emotionalen Möglichkeiten zurückbleiben. Erwachsene müssen Kinder als Dialogpartner bedingungslos ernst nehmen und sie als potentiell vernünftig akzeptieren. Es darf nicht darum gehen, sie mit unserem Wissen zu beeindrucken oder gar einzuschüchtern; vielmehr können wir ihnen den Weg ins Leben dadurch bahnen, das wir ihnen helfen, in eigener Denkarbeit zum Lebenssinn zu kommen und sich dabei über die vollzogenen Denkschritte Rechenschaft abzulegen. Auch wir Erwachsene lernen dann am meisten über uns, „wenn wir im Dialog mit anderen unsere eigenen Gedanken, Gefühle und Erfahrungen klären und sie uns damit erst eigentlich ganz zu eigen machen“.[84]

Bei solchen Gesprächen mit Kindern ist es charakteristisch, auf geistige Entdeckungsreise zu gehen: „Solche Gespräche sind lang und voller Umwege; zahlreiche und verschiedene Punkte werden eingeführt und entwickelt; oft kann es vorkommen, dass keine ausdrückliche Beziehung zwischen Gesprächsgegenständen besteht; vielversprechende Gesprächsfäden werden wieder fallengelassen; es wird kein großer Druck ausgeübt, unbedingt zur Sache zu sprechen; beide Gesprächspartner lernen etwas; Information wird ausgetauscht; einige Schlussfolgerungen werden erzielt, wenn auch der Dialog mehr offenhält, als er abschließend klärt; jeder Partner hört dem anderen zu und versucht, angemessen zu antworten; es herrscht nur wenig Zwang, den anderen zu verbessern, zumindest wird dieser Zwang in Schach gehalten; Wärme und Leichtigkeit bestimmen die Gesprächsatmosphäre, jeder der beiden Partner ist sich bewusst und handelt danach, dass der andere mehr ist als nur eine Erkenntnismaschine."[85]

So können sich Kinder ernsthaft und intensiv mit der Frage beschäftigen, ob Blumen glücklich machen können. Ihre wichtigen Themen und Fragen beziehen sich auf folgende Bereiche:

- Schein und Wirklichkeit
- Träume
- Tiere und Pflanzen
- Ich, Selbst, Identität, Andere
- Computer
- Sprache
- Glück und das richtige Leben
- Zeit
- Was soll ich tun?
- Übung des Verstandes
- Tod
- Wahrheit in Geschichten und Bildern
- Texte als Gesprächsanlässe

Grundsätzlich helfen Eltern ihren Kindern, wenn sie moralische Konflikte gründlich durchdenken und ihnen verständnisvolle Gesprächspartner sind, die sich selbst genauso mit moralischen Fragestellungen abplagen. So werden Eltern auf ihre Kinder mehr Einfluss nehmen können, als wenn sie nur moralisieren und von oben herab vermeintliche moralische Wahrheiten verkünden. Philosophische und religiöse Fragen werden nicht nur von besonders begabten Kindern gestellt. Alle Kinder stoßen bei der Konstruktion ihres Weltbildes schließlich auf „letzte Fragen". Mit dem Eintritt in die späte Kindheit verlieren sich leider oft die Nachdenklichkeit, die Originalität, die Spontaneität und Tiefe der Gedanken. Wir sollten uns kritisch fragen, ob wir Kindern nicht zu sehr konventionelle Denk-, Seh- und Gefühlsweisen aufpfropfen.[86] Besonders begabte Kinder haben oft ausgeprägtere und dauerhaftere intellektuelle Ansprüche und Interessen; daher ist ihr „Bedürfnis" nach Klärung fundamentaler Fragen auch entsprechend größer.[87]

10 „Nur tote Fische schwimmen mit dem Strom" – Nach dem eigenen Gewissen entscheiden lernen

Es ist schwierig, diejenigen Werte zu entdecken, die an die Spitze der eigenen Überzeugungen zu stellen sind. Zurecht fordert ERWIN RINGEL, dass man nicht früh und verantwortungsvoll genug damit beginnen könne, „diese vielleicht schwierigste selbstständige Entwicklung des jungen Menschen zu fördern"[88], nämlich dazu zu befähigen, eigene Gewissensentscheidungen zu suchen und zu treffen.

Gewissensentscheidungen kann ich nur fällen, wenn ich gegenüber Autoritäten auch ungehorsam bin, die etwas von mir verlangen, was ich nicht verantworten kann und will. Dies können gesellschaftliche oder kirchliche Autoritäten, die Autorität unserer eigenen Eltern oder Großeltern ebenso sein, wie Partnerdruck oder der Druck aus der Verwandtschaft: „Bisher hat das in unserer Familie noch keiner so gemacht" – „Man fällt nicht dauernd auf" – „So etwas tut *man* nicht".

Bei RUTH C. COHN[89] habe ich in Trainingskursen gelernt: Sage nicht *man*, sondern *Ich*. Ich-Sagen im Bereich wichtiger Entscheidungen kann manchmal sehr mühsam und schmerzlich sein. Personale Entfaltung, Freude und Glück, Überwindung von Zwängen können jedoch nur zustande kommen, wenn wir uns auch auf unbequeme Entscheidungen einlassen.

Was ist denn das: „Gewissen"?

Kann man das Gewissen überhaupt erziehen? Sie kennen „gewissenlose Menschen". Gewissenlosigkeit ist oft Resultat einer falschen Erziehung. Ganz besonders deutlich ist mir dies an der Aussage eines Jugendlichen geworden, der eine Frau vergewaltigt hatte und deswegen vor Gericht stand. Er erklärte dem Richter, dass dies nach seinem Gewissen richtig gewesen sei und er überhaupt nicht einsehe, warum er dafür eine Gefängnisstrafe bekommen solle. In diesem Fall hat der jugendliche Täter seine persönlichen Lust- und Machtgefühle zum Maßstab für die Richtigkeit seiner Tat gemacht. Daran kann man sehen, dass der Rückgriff auf ein falsch verstandenes Gewissen zur Beliebigkeit entarten kann. Dass ein solcher Täter gleichzeitig psychotherapeutisch behandelt werden müsste, sollte eine solche Gerichtsentscheidung jedenfalls mitbedenken.

Wir müssen davon ausgehen, dass eine fehlende Gewissenserziehung Kinder um die Maßstäbe beraubt, mit deren Hilfe sie erkennen können, was richtig und was falsch, was sittlich gut und was sittlich schlecht ist. Aber nicht nur eine fehlende, sondern auch eine zu enge, zwanghafte Gewissenserziehung führt zu erheblichen psychischen Problemen.

Das Gewissen der Kindheit entsteht durch Erziehung; die Eltern und andere Autoritätspersonen tragen Gebote und Verbote an das Kind heran, die später von ihm übernommen werden – oder auch nicht. Die Forderung „Kinder brauchen Grenzen" (J. ROGGE) gilt auch für die Gewissenserziehung. Kinder nehmen in konkreten Situationen bei ihren Eltern wahr, was diese tolerieren, was sie sanktionieren, wofür es Strafen gibt und was sie unterstützen. In einem langsamen und komplizierten Prozess nehmen sie die Stimmen, die aus ihrer Umgebung kommen, in sich hinein. Wenn sie eine positiv-emotionale Beziehung zu denjenigen haben, die die Gebote und Verbote aussprechen, ist die Wahrscheinlichkeit, dass sie diese Gebote und Verbote übernehmen und akzeptieren, um so größer. Je mehr sich Ihr Kind von Ihnen geliebt fühlt, desto mehr wird es die Gebote und Verbote, die Sie aussprechen, übernehmen. Dies kann aber auch nur deswegen erfolgen, weil Ihre Kinder Angst haben, Ihre Liebe zu verlieren, und dann im Abwägen (vorläufig) lieber Ihre Gebote und Verbote einhalten, als mit der Angst leben zu müssen, nicht mehr geliebt zu sein.

Das Gewissen fällt also nicht vom Himmel, sondern ist vielmehr auch ein Ergebnis von Erziehung. Dies kann man auch daran ablesen, dass das Gewissen in den verschiedenen Kulturkreisen unterschiedliche Inhalte hat. So ist es etwa in einzelnen Eskimokulturen üblich, dass die alte Frau oder der alte Mann ins Meer gehen, um dort zu sterben, wenn Nahrungsmangel herrscht oder wenn sie der Familie zur Last werden. Ihr Gewissen sagt ihnen: „Ich habe mein Leben gelebt und muss Platz machen für diejenigen, die nachkommen." Dies ist ein Gewissensinhalt, den wir als Christinnen und Christen nicht akzeptieren.

Für unsere Fragestellung geht es allerdings nicht um das Auffinden ethischer Argumente, wie also eine Gewissensentscheidung vom Christentum her zu beurteilen sei, vielmehr soll dieses Beispiel deutlich machen, dass Gewissensinhalte immer auch kulturell und religiös mitbestimmt sind. Viele Menschen haben ein zu strenges Gewissen. Dieses kann zu einer wesentlichen Ursache für psychische Störungen werden.

Das in der Kindheit durch die Erziehung entstehende Gewissen ist in der Terminologie des Wiener Psychiaters Sigmund Freud als Teil des „Über-Ich" bezeichnet worden: Eltern und andere Bezugspersonen thronen zunächst über dem eigenen Ich der Kinder und beherrschen es. Wenn Menschen ein zu strenges Über-Ich haben, fühlen sie sich dauernd von Verboten umzingelt und von tausend Seilen eingeschnürt. Solche Menschen leiden unter ihrer „Gewissenserkrankung" qualvoll. Diejenigen, die eine solche Gewissenserziehung durchsetzen, machen sich an diesen Menschen schuldig, auch wenn sie für diese Fehlerziehung – bewusst oder unbewusst – wirksame „edle" Motive vorgeben: „Ich will einen Menschen heranbilden, der nicht moralisch versagt, ja möglichst gar nicht versagen kann." Allein schon diese Grundidee geht von einem falschen Ansatz aus, als ob wir Menschen die Macht hätten, die Fähigkeit zur Sünde aufzuheben. Zum Menschsein gehört es, Fehler zu machen.

Für Menschen mit einer solchen Gewissenserkrankung wird eine Gewissensentscheidung oft zeitlebens zwanghaft beeinflusst bleiben von dem Wunsch, in jedem Fall das Aufkommen von Angst zu vermeiden. Sie haben Angst, sich anders zu entscheiden als die Eltern und die anderen Bezugspersonen, obwohl sie neue, andere Erkenntnisse gewonnen haben. Ein solches „Über-Ich“, das die Menschen nicht mehr abschütteln können, führt zu infantiler, kindlicher Abhängigkeit und zu blindem Gehorsam – mit all den tragischen Verwicklungen, die sich sowohl persönlich als auch politisch – etwa im blinden Gehorsam gegen das Naziregime – ergeben haben und die sich auch in Zukunft immer wieder ergeben können.

Wenn wir uns dem Anspruch stellen, unsere Kinder nicht um Gott zu betrügen, darf Gewissenserziehung nicht auf starre „Über-Ich“-Vorstellungen fixiert bleiben, sondern muss zu flexiblen und freien Entscheidungen führen. So sehr es zur menschlichen Person gehört, Gut und Böse unterscheiden zu können, kann das, was als Gut oder Böse eingestuft wird, je nach Kulturkreis verschieden sein.

Menschen, die nicht an Gott glauben, sind ihrem Gewissen ebenso verpflichtet, bringen aber das Gewissen nicht in Beziehung mit Gott. Menschen, die in der Gottesbeziehung leben, bringen den Gewissensspruch in die Beziehung mit Gott. Um so mehr müssen Menschen, die in ihrem Gewissen auch den Anspruch Gottes heraushören (können), diesen verwirklichen, und sollen sich auch von niemandem daran hindern lassen, nach ihrem Gewissen zu handeln.

In verantwortlich getroffenen Gewissensentscheidungen verwirklichen wir uns Menschen als sittliche Wesen und realisieren unsere personale Reife. Dass dies auch zu Konflikten mit der Gesellschaft führen kann, liegt auf der Hand. Im indischen Sprichwort „Nur tote Fische schwimmen mit dem Strom“ kommt etwas von der Anstrengung eigenständiger Gewissensentscheidung zum Ausdruck. „Gerade sie bewahrt den Menschen vor bloßem Mitläufertum, bricht kollektive Strukturen auf und dient damit nicht nur der Reife und ‚Menschwerdung‘ des einzelnen, sondern auch der Humanisierung unserer gesamten Gesellschaft.“[90]

Große Menschen, die für die Gesellschaft Veränderungen erreicht haben, konnten dies nur deswegen tun, weil sie nicht mit dem Strom geschwommen sind, sondern weil sie über das hinaus, was derzeit üblich war, bereits eine Idee hatten, was zu tun sei. Mutter Teresa von Kalkutta tat etwas, was nicht üblich ist;

der lateinamerikanische Bischof Oscar Romero hat sich gegen die Großgrundbesitzer gewandt, was ihn das Leben kostete. Franz Jägerstätter hat den Kriegsdienst unter dem Hitlerregime verweigert, weil er in seinem Gewissen erkannt hat, dass dieser Krieg unsittlich sei - Beispiele gibt es genug.

Ich will Sie nicht auffordern, Ihre Kinder zu Helden zu erziehen, dies könnte schließlich auch zu zwanghafter Übersteigerung führen. Ich möchte allerdings, dass aus Kindern Persönlichkeiten werden, die eigenständig denken, verantwortlich handeln und auf ihre Gewissensentscheidung mehr geben als auf gesellschaftliche Moden, Strömungen und Üblichkeiten.

Ich kenne genug Menschen, die ein sehr enges Gewissen haben. Noch immer gibt es genug Menschen, für die sich das Gewissen vorwiegend auf den Bereich Sexualität einengt und die alle sexuellen Triebregungen unterbinden oder den Konflikt, der daraus entsteht, verdrängen, und damit sich selbst und andere Menschen krank machen.

Auf der anderen Seite ist erstaunlich, wie eine immer größer werdende Gruppe von Menschen sich im Bereich der Sexualität überhaupt „kein Gewissen mehr macht". Treuebeziehungen werden aufs Spiel gesetzt, Menschen benutzen sich gegenseitig lediglich unter dem Aspekt von sexueller Triebbefriedigung, ohne sich personal anzunehmen und zueinander zu stehen. Im Bereich der Sexualität muss die Gewissenserziehung also sehr differenziert vorgehen. Eine Fixierung auf sexuelle Handlungen macht Kinder krank, macht ihnen Schuldgefühle, die sich später in psychischen Krankheiten ebenso entladen können wie in aggressiven Handlungen. Andererseits muss die Gewissenserziehung aber der Tendenz zur Austauschbarkeit der Sexualpartner entgegensteuern. Erstaunlicherweise ergeben die Umfragen unter Jugendlichen, dass für die allermeisten der Wunsch nach Treue, nach Geborgenheit, nach dem Nicht-austauschbar-Sein für den Freund oder die Freundin sehr bedeutsam ist. Das Bedürfnis, ohne Vorbehalt akzeptiert und angenommen zu sein, ist eine zutiefst menschliche Grunderfahrung und ein ebenso tiefes Grundbedürfnis. Es zu zerstören, hat für unsere Gesellschaft bereits jetzt schon schlimme Folgen und Zerstörungsprozesse angestiftet und wird dies in Zukunft noch weiter tun. Wenn in verschiedenen Medien die Bereiche Liebe, Sexualität und die darin gründenden wichtigen menschlichen Bedürfnisse durch alle möglichen Primitivitäten und Vereinfachungen vermarktet werden - was mit „Liberalisierung" nichts zu tun hat -, begleitet und unterstützt das unsere Kinder nicht gerade auf dem Weg, lieben zu lernen und mit der eigenen Sexualität kompetent umzugehen.

Eine weitere Gefährdung in der Gewissenserziehung kommt zustande, wenn Menschen, aus welchen Gründen auch immer, daran gehindert werden, sich kritisch mit der von den Eltern und der Gesellschaft vermittelten Wertewelt auseinander zu setzen. Nur wenn Menschen Schritt für Schritt prüfen - „So ist es - ist es so?" - und nicht durch Dressur - von ihren Eltern manipuliert - Entscheidungen fällen, kommt es zu einem personalen Gewissen, das eine zentrale Grundvoraussetzung für seelische Gesundheit ist. Wenn etwa die Werte des Vaters hießen „Hilf dir selbst - andere helfen dir ja doch nicht" oder „Warum hilfst du andauernd anderen, die helfen dir ja auch nicht", dann kann sich im personalen Gewissen eines jungen Menschen genau das Gegenteil verdichten: „Ich stehe dir bei - auch wenn du mir damals nicht beigestanden hast" - „Wenn wir Freundschaft halten, kommen wir weiter, als wenn wir uns isolieren" - „Einsatz für die Dritte Welt ist sinnvoll, auch wenn ich dafür von niemand belohnt werde".

Wir können festhalten: „Das gesunde Gewissen ist nicht starr, es ist elastisch - wandelbar, aber nicht im Sinne eines billigen situativen Nachgebens, sondern im Sinne einer gegebenen Möglichkeit, zu prüfen, sich auseinander zusetzen, eines Nicht-automatisch-zwanghaft-reagieren-Müssens, und damit ist auch schon klargestellt, dass nur dort, wo personales Gewissen existiert, freie Entscheidung und daraus resultierende persönliche Verantwortung bestehen."[91]

Die erste Gewissenserziehung in der Familie nimmt Einfluss auf die spätere, selbstständige Gewissensentwicklung: „Es gibt kaum eine größere Sünde gegen den Geist einer gesunden psychischen Entwicklung des Menschen als den Versuch, ihm ein Über-Ich anzuerziehen, welches sich als nicht mehr entwicklungsfähig erweist, sondern in Erstarrung unveränderlich anhaltend, wie ein Fronvogt, ein ‚Fremdkörper' (...), das Verhalten des Betreffenden diktiert und ständige Referenzbezeigungen ihm gegenüber erzwingt."[92]

Es darf also nicht die große Abhängigkeit des Kindes von den Eltern dahingehend ausgenützt werden, dass deren Gebote lediglich deswegen von den Kindern übernommen werden, weil sie Angst haben, die Liebe der Eltern zu verlieren: „Eine Erziehung nun, die mit dieser Angst operiert – und sie damit verstärkt –, wird auch die blinde Gebotsbefolgung zur Verpflichtung machen, um das Aufkommen unerträglicher Angstpotentiale zu verhindern. Für solche Menschen wird dann oft für alle Zeit eine Gewissensentscheidung nicht das Problem besserer Einsicht bleiben, sondern zwanghaft beeinflusst sein von dem Wunsch, nur ja das Aufkommen von Angsteffekten zu vermeiden."[93]

11 Wie Versöhnung gut tut

Versöhnung

„*Mutter*: Um was ging es denn bei eurem letzten Streit? Worüber habt ihr denn gestritten?
Marléne: Ich hab mal mit der Sandra gespielt. Und immer beim Spielen war einmal die Sandra nicht recht und ich nicht recht. Und so kam es immer zu einem Streit oder so etwas. Sie haut mich und dann sage ich zu ihr: ‚Du bist blöd!' Und dann möchte ich nicht mehr streiten und sage: ‚Bitte, versöhnen wir uns wieder!' Und dann versöhnen wir uns halt ganz langsam erst wieder.
Mutter: Dauert das ein bisschen, bis man sich versöhnt?
Marléne: Ja!
Mutter: Wie macht ihr das?
Marléne: Das machen wir, indem ich z. B. sage: ‚Ich möchte jetzt nicht mehr streiten. Bitte, hör jetzt mal auf, weil sonst gehe ich nach Hause!' Und weil sie eigentlich meine beste Freundin ist, möchte sie auch nicht mehr streiten."[94]

Die eigenen Scherben wahrnehmen und im Licht Gottes spiegeln

Zwanzig junge Väter und Mütter treffen sich, um über Buße – Beichte – Versöhnung in ihren Familien nachzudenken:

Ich nehme einen alten Blumentopf und zerschlage ihn mit einem Stein. Er zerfällt in viele Scherben. Die Eltern nehmen eine Scherbe in die Hand, befühlen die Scherbe und schauen sie an ...

Wer kann leben, ohne nicht auch Scherben zu hinterlassen? Wer kann leben, ohne nicht auch schuldig zu werden ...?

Wir verursachen kleinere oder größere Scherbenhaufen bei anderen Menschen ...

Umgekehrt: Menschen bringen Scherben in unser Leben ...

Wie aber mit Scherben umgehen? Verdrängen, da es doch eigentlich gar keine seien ...?

Dem Unschuldswahn nachgeben, da das alles doch nicht so schlimm sei und es auch gar nicht so gemeint war, obwohl andere darunter leiden ...?

Wir erinnern uns an die Scherben unseres Lebens ...

Im Raum wird es jetzt stiller und die Atmosphäre dichter ...

Nach einiger Zeit zünden wir in dem bisher bewusst dunkel gehaltenen Raum eine Kerze an ...

Im Schein des Lichtes verändern sich die Scherben: Sie erscheinen nun buchstäblich in einem anderen Licht, verändern ihr Aussehen, bekommen neue Konturen, andere Gestalt, anderes Gewicht ...

Aber auch das Licht verändert sich, wenn es sich nicht im Hochglanz, sondern in der matten Glasur des zerschlagenen Blumentopfes spiegelt ...

Wir halten die Scherben dem Licht entgegen, dem „Gegen-Licht", drehen sie im Lichtschein und spüren, was sich verändert ...[95]

Sich mit sich selbst versöhnen – Versöhnung sucht Veränderung

Sich mit dem eigenen Gebrochensein versöhnen ist eine elementare Grunderfahrung. Jeder Mensch trägt in sich die Neigung zum Bösen.[96] Das verstehen auch Kinder, weil sie es dauernd erleben.

Kinder erleben sich selber manchmal als böse – wenn sie dem anderen die Flöte über den Kopf hauen oder wie auch immer. Schon im Kindergarten gibt es Konflikte.

Abends fragte ich unsere damals fünfjährige Tochter Ingrid: „Was war denn heute schön, was war nicht so schön?" Sie betete ganz spontan: „Lieber Gott, heute war es gar nicht schön. Der Moritz hat mich gehaut, dann habe ich ihn auch gehaut. Schlaf gut, lieber Gott."

Sie hat so ihren konkreten Alltagskonflikt in die Beziehung mit Gott gebracht und wusste, dass sie damit gut aufgehoben ist. Es hat danach Gespräche gegeben, und Ingrid und Moritz waren wieder miteinander versöhnt.

Wir erben gleichsam die Grundbefähigung zu dem, was nicht gut, nicht friedvoll ist. Wir erleben, dass wir in eine Welt hineinkommen, die so verquer ist und so viel Schrecken, Verzweiflung und Unsinn produziert, so dass wir dem nicht einfach ausweichen können.

Wenn man diese Realität nicht nur harmlos auf Adam und Eva zurückführt, dann ist es noch viel dramatischer. Die Vernichtungslager dieses Jahrhunderts – Millionen von Menschen systematisch umgebracht – die Geschehnisse im früheren Jugoslawien beispielsweise, die Millionen Hungernden in vielen Ländern... Wir werden immer schon in einen Verschuldungszusammenhang hinein geboren. Wir sind verstrickt in ein Wirtschaftssystem, das andere Völker unterdrückt. Wir sind verstrickt in Umweltzerstörungen und nicht selten auch in Beziehungen, die für andere zerstörerisch wirken können.

Versöhnung ruft nach Veränderung und Gerechtigkeit.

Bauen wir unsere Kinder auf und nicht ab!

Eine für Eltern bedeutsame Botschaft. Es ist zwar wichtig, im Umgang mit Kindern Grenzen deutlich und erfahrbar zu machen, aber auch, unsere eigenen, persönlichen Begrenzungen zuzugeben. Ein Leben in der Gottesbeziehung will keine Überforderung des Menschen. Vielmehr geht es darum, Schritte zu tun, die wir ohne Verkrampfung gehen können.

Wenn der Weg eines neuen Denkens, der Umkehr und Versöhnung gelingt, bringt er für Kinder und Erwachsene große Chancen. Kinder finden es entlastend, wenn sie mit ihren Eltern über das sprechen können, was sie belastet, – und dann „alles wieder gut ist".

Ein großes Ziel liebevoller religiöser Erziehung liegt darin, seinem Kind sagen zu können: Wir wollen dich stark machen, damit du einfühlsam und rücksichtsvoll durchs Leben gehen kannst, damit du aber auch selbstbewusst wirst, nicht jedem Rattenfänger nachläufst und wichtige Regeln kennst und beachtest.

Mit Kindern und in der Familie Konflikte lösen

Regelmäßig Familiengespräche mit Kindern zu führen kann die explosive Stimmung mancher Situationen entschärfen. Eine erprobte Erfahrung ist: einmal in der Woche – in vielen Familien am besten am Wochenende – sich eine halbe Stunde um den Tisch zu setzen und jeden das sagen lassen, was ihm gefällt und nicht gefällt und gemeinsam nach Lösungsmöglichkeiten zu suchen. Dies stärkt Kinder zum einen in der Selbstwahrnehmung und auch in der Möglichkeit, sich auszudrücken und Streitigkeiten zu lösen.

Bei dem amerikanischen Psychologen THOMAS GORDON[97] habe ich in seinem Konzept „Familienkonferenz" gelernt, die eigene Kommunikation in der Familie anzuschauen und zu verändern, bevor es zu Sackgassen und Dauerstreitigkeiten – oft um Kleinigkeiten – kommt. In solchen Familiengesprächen können auch Regeln entwickelt werden, die von allen mitgetragen sind und Schritt für Schritt auch eingehalten werden.

Beispiel einer Familienkonferenz

Eltern können Konflikte vermeiden, indem sie bereit sind, an sich zu arbeiten. Eltern werden oft beschuldigt, aber wenig unterstützt. Die Probleme der Jugendlichen schiebt man oft vorschnell den Eltern in die Schuhe. Die Unterstützung der Eltern durch die Gesellschaft und auch durch die Kirchen ist in den nächsten Jahren intensiver zu gestalten.

Einige wenige Entscheidungen können den Eltern und den Kindern wesentlich weiterhelfen: aktives Hinhören auf das, was ein Kind wirklich sagen möchte. Viele Kinder geben Botschaften und meinen im Hintergrund etwas viel tiefer Liegendes: „Hilf mir, du nimmst mich nicht ernst, du hast etwas gegen mich."

Für viele Eltern ist es wichtig, von „Du-Botschaften" zu „Ich-Botschaften" zu kommen. Es ist ein großer Unterschied, ob ich einem Kind mitteile, wie ich etwas sehe oder ob ich einem Kind Bewertungen über sein Verhalten entgegen schleudere. „Mich macht es ärgerlich, wenn du beim Essen die Nudeln dauernd über den Teller schiebst." Dies ist eine andere Aussage, als wenn ich sage: „Verteil nicht dauernd die Nudeln auf dem ganzen Tisch!", oder: „Immer musst du alles kaputt machen!"

Eine weitere wichtige Regel besteht darin, die Probleme der Kinder nicht zu den eigenen Problemen zu machen, sondern sie damit zu konfrontieren, dass manche Problem nur von ihnen ganz allein gelöst werden können, sie aber Unterstützung für die Lösung bekommen. Zudem ist es hilfreich, regelmäßig mit den Kindern offen darüber zu sprechen, was in der Familie zu dauerndem Ärger und Streit führt und wie wir – jeder und jede von sich aus – dazu beitragen können, dass sich daran etwas ändert. Auch hier sind nicht Beschuldigungen sinnvoll, sondern die Beschreibung der eigenen Befindlichkeit, wenn ein anderer sich in einer bestimmten Weise verhält. Wichtig ist es dabei, gemeinsam Regeln zu entwickeln, an die sich dann auch alle zu halten bereit sind. Allein diese Qualität von Gesprächen verhindert viel an Aggression und zerstörendem Streit. Ein Wundermittel ist freilich auch dies nicht; solche Gespräche sind immer wieder und regelmäßig sinnvoll. Sie werden aber nach einigen Monaten merken, dass sich positive Entwicklungen abzeichnen.

Es gibt im Jahreskreis viele Gelegenheiten in Festen und Feiern, die Einmaligkeit von Kindern hervorzuheben und zum Ausdruck zu bringen: Geburtstage, Namenstage, der Tauftag mit einer Erinnerung der entsprechenden Bilder oder Videos. So können Kinder spüren, dass sie von ihren Eltern als wertvolle und einmalige Geschöpfe, letztlich als Geschenk von Gott geliebt sind. Wertschätzung Kindern gegenüber ist insofern sehr bedeutsam, als sie vor allem so einen Humus zum Wachsen und zur Weiterentwicklung bekommen.

Die letzte Wertschätzung für uns Menschen kommt von Gott selbst. Wir Eltern können diese Wertschätzung an unsere Kinder weitergeben. Dort, wo Liebe zwischen Eltern und Kindern und Wertschätzung zwischen ihnen lebt, leuchtet etwas von der Wertschätzung Gottes in dieser Welt auf: „Du bist bei Gott unbedingt erwünscht“ (GOTTHARD FUCHS).

Durch religiöse Familiengespräche wird Kindern etwas von dieser Wertschätzung Gottes vermittelt. Sie erleben diese aber zunächst in der Person ihrer Eltern, die für sie Boten Gottes sind.

Eine beeindruckende Erfahrung mit einem Kind: Eltern und Kinder bereiteten sich im Pfarrzentrum auf das erste Beichtgespräch mit dem Pfarrer vor, das in einem freundlich gestalteten Zimmer am Tisch mit Blumen und Kerzen stattfand.

Ein dunkles und ein helles Haus – mit Farbtüchern auf den Boden gelegt – sollte den Kindern erschließen, dass Beichte etwas zu tun hat mit Reinigung, mit Licht gegen Dunkelheit.

In einem unbeobachtetem Augenblick begann ein Kind tanzend vor sich hin zu singen: „Heute komm ich ins weiße Haus. Bald komm‘ ich ins weiße Haus.“ Manche Kinder fragten nach dem Beichtgespräch, wann sie das denn wieder machen dürften. Es kann also eine psychisch sehr anregende und hilfreiche Möglichkeit sein, sich mit sich selbst und mit Gott zu versöhnen, sich im Gespräch mit einem Priester von Gott versöhnen zu lassen.

Gottes „Gericht“: Gott richtet auf

Die Vorstellungen, dass Gott wie ein Richter am Amtsgericht ist, lenken die Phantasie von vielen Menschen in die falsche Richtung. Ganz abgesehen davon, dass wir in unserer Gesellschaft gute Richter und Richterinnen benötigen, die Recht und Gerechtigkeit sprechen. Nur: Das Bild von Gott als Richter ist einseitig. Es gibt viele andere Bilder in der Bibel, die es nicht erlauben, aus Gott einen „Richter-Gott“ zu machen.

Es ist vielmehr so, dass wir Menschen uns durch bestimmte Verhaltensweisen selbst von Gott entfernen. Wir richten uns selbst, indem wir durch mangelnde Solidarität, durch Zerstörung von Beziehungen usw. die Gemeinschaft mit Gott stören. Das deutsche Wort „Gericht“ hat zu tun mit ausrichten, aufrichten. Gott richtet uns aus auf die neue Existenz mit ihm über den Tod hinaus.

Dies ist ein sehr tröstlicher Gedanke: Gott macht all das heil, was krumm ist und in unserem Leben krumm bleiben muss, er bringt uns in Beziehung mit sich trotz unserer Scherben, die wir angerichtet haben. In diesem Sinne ist Gottes Gericht Barmherzigkeit.

Teil 3

Kinder in der Gottesbeziehung

12 Gott schaut Ihr Kind an – Segnen Sie Ihr Kind!

Wie ein Kind durch den Augenkontakt und durch das Lächeln seiner Mutter zum sozialen Kontakt herausgefordert wird, so ist es auch in der Beziehung mit Gott.

„Wer bin ich, wenn mich niemand anschaut? Schöpfung, Erde, Mensch" – so die Frage des Künstlers ROLAND PETER LITZENBURGER (München 1987). Wenn mich in meinen All-Tagen und in der Zukunft meiner Alterungs- und Verwandlungsprozesse Gott nicht anschaut, dann ist es ein sehr enges und begrenztes Leben. Wenn mich Gott in der Zerbrechlichkeit und auch der späteren biologischen Zerstörung meines Leibes nicht anschaut, fehlen übergreifende Perspektiven für mein Leben über den Tod hinaus.

Wenn ich mich nicht anschauen lasse, dann werde ich auch das Lächeln Gottes, das sich in meinem Leben spiegeln will, nicht entdecken.

Damit ist nicht eine harmonisierende und naive Vorstellung eines Lebens ohne Leid gemeint. Der biblische Weg verspricht an keiner Stelle ein Leben ohne Leid. Die christliche Botschaft sagt vielmehr zu: Bleibe auch im Leid in Beziehung mit Gott – Gott bleibt auch im Leid in der Beziehung mit dir. Jesus schreit wie der Beter in Psalm 22 im tiefsten Schmerz und unermesslichen Leid zu seinem Gott: „Mein Gott, mein Gott, warum hast du mich verlassen?"[98]

Als wir meine Mutter und meinen Vater beerdigten, habe ich ihnen beim Beerdigungs-Gottesdienst noch einmal dieses Lächeln Gottes über ihrem Leben und ihrem Tod zugebetet: *„Der Herr lasse sein Angesicht leuchten über dir und sei dir gnädig. Der Herr hebe sein Angesicht über dich und gebe dir Frieden"* (Numeri 6,25f).

Die Treue Gottes zu uns auch in den Leidsituationen, in denen wir zwischen Verzweiflung und Hoffnung wanken und bisweilen die Verzweiflung die Oberhand gewinnt, ist die einmalige Zusage des biblischen Weges. Gott sagt uns zu: Ich bleibe dir treu in allen Verwandlungs- und Sterbeprozessen deines Lebens, du bist in meine Hand eingeschrieben (vgl. Jesaja 49,16). Der jüdische Religionsphilosoph Martin Buber hat es auf die einfache Formel gebracht: Der Mensch wird am DU zum ICH. Wir sind füreinander wichtig, weil wir uns gegenseitig dieses DU sind, an dem andere zum ICH werden. Wir selbst sind bereits aus konkretem DU zum ICH geworden und werden es auch in künftigen Wandlungsprozessen sein.

Die anrührend geschilderte Begegnung Jesu mit den Kindern zeigt, dass Kinder für uns Vorbild und Herausforderung sind, wie wir auf das DU Gottes antworten sollen:

„Da brachte man Kinder zu ihm, damit er ihnen die Hände auflegte. Die Jünger aber wiesen die Leute schroff ab. Als Jesus das sah, wurde er unwillig und sagte zu ihnen: Lasst die Kinder zu mir kommen; hindert sie nicht daran! Denn Menschen wie ihnen gehört das Reich Gottes. Amen, das sage ich euch: Wer das Reich Gottes nicht so annimmt, wie ein Kind, der wird nicht hineinkommen. Und er nahm die Kinder in seine Arme; dann legte er ihnen die Hände auf und segnete sie" (Markus 10,13–16).

Die Mütter bringen ihre Kinder zu Jesus, die Jünger Jesu schicken sie weg, weil sie vermuten, dass sich Jesus durch die Kinder gestört fühlt. Diese Fehleinschätzung korrigiert Jesus: Ihr habt wohl überhaupt noch nichts begriffen. Lasst die Kinder zu mir kommen, und verwehrt ihnen nicht die Beziehung zu mir.

Es ist eine besondere Gabe, die Jesus mit den Kindern verbindet, und er stellt uns unsere Kinder als Vorbild vor Augen: Wenn ihr nicht so werdet wie die Kinder, habt ihr von Gott nichts begriffen. Kaum ist Ihr Kind also auf der Welt, dann wird es Ihnen schon als Vorbild hingestellt. Jesus realisiert auf eindrucksvolle Weise die Liebesgeschichte Gottes mit den Menschen: Er segnet unsere Kinder. Ich predige gern zu dieser Begegnung Jesu mit den Kindern, wenn ich Kinder taufe. Als Eltern tun Sie etwas sehr Tiefsinniges, wenn Sie Ihr Kind segnen, ihm ein Kreuzzeichen auf die Stirn machen – abends im Bett oder morgens, wenn es aus dem Haus geht. Es ist eine intensive Form der Zuwendung, die einem Kind religiöse Geborgenheit und Zuversicht gibt und unsere Beziehung zu ihm vertieft.

Wir machen damit unseren Kindern auch deutlich: Du bist nicht nur von uns, deinen Eltern geliebt und gesegnet, mit dir geht Gott, der es gut meint mit dir an diesem Tag, egal was auch kommt. – Und: Lassen Sie sich von Ihrem Kind auch segnen. Ihr Kind kann sehr wohl schon segnen – oft mit leuchtenden Augen.

13 Unbedingt erwünscht sein – Danken lernen

Wenn wir Kinder nicht um die Beziehung mit Gott betrügen wollen, gehört zur religiösen Erziehung das „Danken" unerlässlich dazu. Der Begriff „Danken" hängt mit „Denken an" zusammen. Der Philosoph IMMANUEL KANT hat formuliert: „Dankbarkeit ist die Verehrung einer Person wegen einer uns erwiesenen Wohltat."[99] Menschen, die Gott vertrauen, merken, dass sie ihm ihre Existenz „verdanken". Dies macht den tiefsten Grund einer ursprünglichen Beziehung des Menschen zu Gott aus. Auf dieser Beziehung zu Gott, der uns ins Leben geholt und auf den Weg durch die Geschichte gebracht hat, baut jegliche Gottesbeziehung auf, denn diese Beziehung ist gleichsam der Baum unseres Lebens, der aus unseren tiefsten Wurzeln wächst.

Es ist tröstlich, geschaffen zu sein, leben zu können, ernährt zu werden und sich zu ernähren, sich also am Leben zu halten und es entfalten zu dürfen. Eltern dürfte es leicht fallen, mit Kindern für das, was wir an Wohltat erleben, zu danken. Mit Kindern abends am Bett zu sitzen und Gott für das zu danken, was sie als positiv erlebt haben, gibt dem Leben des Kindes Tiefe und erinnert es an seinen und unseren göttlichen Ursprung sowie an die Geschenke des Lebens: die Spielkameraden, das gute Essen, die Sonne, die Pflanzen, die Katze, dass der Vater oder die Mutter sich Zeit zum Spielen genommen haben usw. All das in Verbindung zu bringen im Sinne des „Denkens an" Gott, ist bereits eine ganz wesentliche Weise religiöser Erziehung. Für Kinder vollzieht sich ein positives Erlebnis, gemeinsam mit den Eltern zu danken.[100]

Wenn wir Gott danken, kann Kindern Schritt für Schritt aufgehen, woher die Dinge sind, woher sie selbst, woher ihre Eltern, Großeltern und woher die über alles geliebte Katze kommen: All dies ist nicht einfach so da, sondern weil Gott es will und es gut meint mit uns. Ein solches Nachdenken über Dankbarkeit ist für Kinder interessant und erweitert ihre Sinnerfahrung. Kinder lernen durch Gefühle und Erlebnisse des Dankens, dass sie nicht zufällig auf der Welt sind, dass sich Gott ihnen zuwendet, dass er sie gewollt hat und will, dass sie bei ihm unbedingt erwünscht sind. Dankbarkeit schafft Beziehung und gegenseitige Anerkennung. Sie ermöglicht es, Menschen aufzubauen, ihnen Selbstwert zuzusprechen und gleichzeitig sich selber klar zu machen, dass man nicht alles alleine können muss. Dass es vielmehr darauf ankommt, in Solidarität zu leben und anzuerkennen, dass andere anders und wir füreinander sind. Das gilt ganz besonders für den überschaubaren Bereich der Familie.

Wir Menschen vergessen immer wieder zu danken; dies hängt damit zusammen, dass wir nicht darunter leiden, wenn wir es nicht tun. Bittgebete sind im Gegensatz dazu weiter verbreitet, weil sie helfen, in extremen Situationen wie schwerer Krankheit und bei Katastrophen die Angst zu vermindern und Hoffnung zu stärken.

Bedenken wir in diesem Zusammenhang, was uneigennützige und doch uns selbst bereichernde religiöse Dankbarkeit unterstützen und was sie erschweren kann:

- Wenn wir allgemeine Glaubenssätze über Schöpfung und Erlösung nur „kopfgesteuert" lernen und sie nicht auch als konkrete und emotionale Befriedigung erleben, verbleiben solche Sätze im Bereich des Begrifflichen, bleiben toter Buchstabe und dem Bedürfnis zu danken fern. Der Weg von einem solch religiösen „Wissen" zu einer ganzheitlichen Betroffenheit, der Weg von „reden über" zu „genießen in Danksagung" (1 Timotheus 4,4)[101] ist weit, wenn religiöse Erziehung vorwiegend auf ein Wissenstraining ausgerichtet war und ist.[102]
- Menschen, die sich dafür öffnen, nach dem letzten Woher auch der eigenen Kräfte und Antriebe im eigenen Leben und der Welt überhaupt zu fragen, empfinden weit eher Dankbarkeit. Sie erwächst aus der selbst erfahrenen Einsicht, dass nichts selbstver-

ständlich ist. Allerdings setzt dies ein hohes Maß an Nachdenklichkeit, Meditation und religiösem Fragen voraus; ansonsten kann es jedem Menschen passieren, dass er oder sie gedankenlos durch die Tage lebt, alles selbstverständlich nimmt und sich letztlich an nichts mehr freuen kann. Das innere Wissen und Erleben, sich einem Größeren, sich GOTT zu verdanken, hat auch etwas mit Demut zu tun. Dahinter verbergen sich keineswegs Unterdrückungs- oder Selbstverleugnungsgefühle, sondern in ihr drückt sich vielmehr eine freie Anerkennung Gottes als Schöpfer des Lebens, auch meines Lebens, aus.

- Menschen, die ihr Leben als befriedigend und ihre Gestaltungsmöglichkeiten als positiv erfahren, werden eher einem höheren Ursprung danken, als jemand, dessen Leben vorwiegend von eigenem und ihn mitbetreffendem fremden Leid gezeichnet ist. In der Tradition der Psalmen finden wir Bitte und Dank, aber auch Fluch und Klage. Diese Spannung, in die ein Menschenleben, auch das eines religiösen Menschen, geraten kann, ist also dem Erleben der Bibel bereits vertraut. Wie sollten wir auch für alles und jedes jederzeit danken können: für die eigene Behinderung, für die Tode in der eigenen Familie, für das tägliche Leid? Zumindest dann ist es unsäglich schwer, wenn wir keinen Weg sehen, Leid so zu integrieren, dass es zu unserem Leben gehört und wir uns nicht dauernd dagegen wehren müssen. Können wir hier etwas von Jesus lernen? Er weinte, als sein Freund Lazarus gestorben war. Er litt abgrundtiefe Angst am Ölberg und flehte zu Gott, dass er doch diesen Kelch an ihm vorübergehen lasse. Er schrie am Kreuz: „Mein Gott, mein Gott, warum hast du mich verlassen" (Markus 15,34).
- Es gibt kein Leben ohne Leid; und es ist nirgends gefordert, in allen Ereignissen immer nur die Zuwendung Gottes zu lobpreisen. Dies kann sogar dazu führen, fremdes und eigenes Leid zu bagatellisieren und im Zuge eines ausschließlich „positiven Denkens" die Beziehung zu den Abgründen, zur Trauer, zur Zerstörung, die in dieser Welt schließlich auch da sind, zu verlieren. In vielen Sekten wird eine „Halleluja"-Mentalität überzogen gepflegt, was für viele Menschen wieder neues Leid produzieren kann. – Zum danken lernen gehört auch klagen lernen.

14 Gott verehren lernen

> *Marléne* (6 Jahre): „Ich freu' mich immer und bete zum lieben Gott: Danke, dass heute so ein schöner Tag war und dass du immer bei uns bist und uns nie vergisst. Und wir vergessen dich auch nicht, und ich hoffe, dass das bei den anderen Kindern auch so ist. Und ich danke dir, dass du die Welt so erschaffen hast und du immer so nett bist."[105]

Wer seinen Kindern die Beziehung mit Gott eröffnen möchte, wird sie anregen, Gott konkret zu verehren.

Wenn wir dankbar sind, geben wir für das göttliche Wohlwollen, für die Güte und Zuwendung Gottes eine Antwort von innen heraus. „Verehrung" ist darauf ausgerichtet, den Eigenwert und die Größe Gottes aus sich heraus in den Mittelpunkt zu stellen. Gott wird von mir als „der für mich bedeutsame Andere" verehrt. Verehrung hat damit zu tun, dass ich für mich selber kläre, welchen Wert und Rang ich Gott gebe und wie wichtig ich das alltägliche, gesellschaftliche, oft sehr vorläufige und oberflächliche Gerangel einstufe im Blick auf den, von dem ich komme und auf den ich hingehe. Nicht umsonst haben die Religionen, die an den *einen* Gott glauben, wie das Judentum, das Christentum und der Islam, zumindest theoretisch darauf geachtet, nicht irgendwelche Scheingötter, Vergötzungen von Geld, Macht oder Sexualität mit Gott zu verwechseln und als Gott zu verehren.

Echte Verehrung stuft Gott als unbedingt anerkennenswert ein. Ein Glaubender kann also, indem er Gott anbetet, auch sein eigenes ICH erweitern. In dieser staunenden und bewundernden Verbundenheit öffnen wir Menschen uns auf das bzw. den hin, der unserem Leben letztlich tragenden Sinn gibt und es auch in den Zusammenbrüchen unserer Existenz trägt und auffängt. Wenn wir gemeinsam mit Kindern Gott verehren, dann lernen sie zuvor, der Wahrheit die Ehre zu geben: dass er verehrungswürdiger ist als die bewunderten Eltern oder irgendeine faszinierende Erscheinung in der Natur.

Beispiel: Jedes unserer Kinder habe ich beim abendlichen Beten im Alter von ungefähr zwei bis drei Jahren gefragt, wie sie sich denn Gott vorstellen, und alle vier haben mal gesagt: „Du bist doch der liebe Gott." Diese Einschätzung ist entwicklungspsychologisch ein wichtiges Durchgangsstadium. Wir brauchen weder zu erschrecken, dass die Kinder uns so einstufen, noch uns etwas darauf einzubilden, dass sie uns so wichtig nehmen. Es ist die Phase, in der Kinder etwas ganz wichtiges lernen können: ‚Wenn der Vater und die Mutter selber mit mir zu Gott beten, dann muss ER größer sein als sie selber.' Kinder lernen also auf dem Weg der gemeinsamen Verehrung Gottes auch *Wertigkeiten und Perspektiven für die Zukunft.*

15 Beten – Die Arme ausstrecken auf Gott

„Meine Mutter glaubt nicht an Gott. Abends bringt sie mich zu Bett und öffnet das Fenster. Wenn sie weg ist, stehe ich auf und verrichte mein Gebet."

Wenn Sie mit Ihren Kindern die Beziehung zu Gott einüben wollen, beten Sie mit ihnen. Wie unterschiedlich mit Kindern gebetet wird, lässt sich in verschiedenen Formen typisiert darstellen:

Beispiel 1: „Eine Mutter mit tiefen religiösen Empfindungen und reifem Glauben betet mit ihrem Kinde. Es spürt etwas von der Ehrfurcht, von der sie erfüllt ist, von ihrer Ergriffenheit und ihrem Vertrauen gegenüber dem göttlichen Du. Damit wird die Übertragung seines Urvertrauens auf Gott vorbereitet. Sie vollzieht sich, wenn der Ritus, der von der Mutter mit dem Kinde geübt wird, eingebettet ist in das Brauchtum einer Gemeinschaft und wenn er durch deren Symbole und Lehren interpretiert wird ... (Die Mutter) betet mit dem Kinde daheim und nimmt es ab und zu mit zur Messe. Dort erlebt es an der Seite der knienden Mutter, dass nicht nur sie, sondern eine große Gemeinschaft von Erwachsenen denselben oder einen ähnlichen Ritus vollzieht. Damit bekommt der Ritus mit dem Gehalt für das Empfinden des Kindes den Charakter des für die Gruppe Normativen. Er wird zum Zeichen der Zugehörigkeit zu ihr. Macht es diese Erfahrung mehrmals, so prägt sich ihm immer tiefer der Eindruck ein, dass das Beten, wie es die Mutter daheim übt, für die Erwachsenen dieser Gruppe lebensnotwendig ist. Das wirkt dann als Motiv unterschwellig beim Erwachsenen weiter ...

Beispiel 2: Die Mutter betet mit dem Kind in einer Religiosität, die zwangsneurotische Züge hat und mit Angst und Resignation verbunden ist. Bei starker Mutter-Kind-Bindung übernimmt das Kind den Ritus mit Angstbesetzungen: ‚Man *muss* beten, sonst wird man bestraft.' Vielleicht verkehrt die Mutter in einem religiösen Milieu, das mit seinen Aussagen über den richtenden Gott den Zwangscharakter des Betens verschärft.

Kann sich das Kind in den Reifejahren von der Mutter nicht lösen, so erfüllt es gewissenhaft die ihm eingeprägten Normen für das Beten und möchte sich dadurch für immer die Liebe der Mutter sichern. Als Erwachsener hält ein solcher Mensch sorgfältig an allen Formen seines geistlichen Lebens fest, wehrt sich leidenschaftlich gegen jede Neuerung und sucht Anlehnung bei einer Gruppe, die er wie eine autoritäre Mutter verehrt, und bei ihrem Führer, der ihm einen Vaterersatz bietet.

Gelingt es einem Kind aus solchen Verhältnissen, sich von der Mutter zu lösen, wird wahrscheinlich das Beten in der übernommenen Gestalt preisgegeben und mit negativen Affekten abgelehnt. Das Bekenntnis eines Erwachsenen ‚Ich kann nicht beten' oder sein spöttisches Urteil ‚Beten ist Infantilismus' können biographisch bedingt sein. Sie bedeuten dann, dass der Betreffende sich immer neu mit einem heftigen Nein zum Beten von einer überstarken Mutter distanzieren muss.

Beispiel 3: Die Mutter betet mit dem Kind, aber sie tut es nur, ‚weil es sich so gehört', ohne gefühlsmäßige Beteiligung, etwa mit denselben Empfindungen, mit denen sie dem Kinde die Rassel und den Teddybären reicht. Das Kind übernimmt den Ritus ebenfalls; aber sein Versuch, teilnehmend die Gefühle der Mutter abzutasten, stößt ins Leere. Vielleicht hält es noch einige Jahre am Ritus fest, weil Einflüsse anderer Erwachsener (Großmutter, Tante, Kindergottesdiensthelferin) wirken. Aber der Religionsunterricht kann nicht an vergangene eindrückliche Gefühlserfahrungen anknüpfen. Was über das Gebet gelehrt wird, ist ohne Entsprechung in der erfahrbaren Wirklichkeit. Die gefüllten Aussagen des Pfarrers über das Gebet und sein Ernst beim Beten stehen im Gegensatz zu dem leeren Ritus, der daheim geübt wurde, und wirken nichts sagend oder lächerlich.

Wenn das Kind nicht Gelegenheit hat, in einer anderen Gemeinschaft, in der es sich geborgen fühlt, z. B. in einer christlichen Jugendgruppe oder in einer gut integrierten Schulklasse, Erfahrungen zu machen und tastend Anteil zu bekommen an Gefühlen der Ehrfurcht, des Vertrauens oder der stillen Sammlung bei solchen, die bereits über solche Gemütsregungen verfügen, so legt es spätestens in der Pubertät das Gebet weg, wie es das einst mit Rassel und Teddybär gemacht hat.

Beispiel 4: Eine Mutter ist areligiös und hat den Mut, dazu auch in ihrem Umgang mit dem Kind zu stehen. Sie betet überhaupt nicht. Was ein solches Kind im Religionsunterricht über das Beten hört, ist für es völlig fremd. Es weckt möglicherweise gerade als ein Unbekanntes das Interesse. Findet das Kind Anschluss an eine Gemeinschaft, in der gebetet wird, und werden ihm dort Gefühlserfahrungen zuteil, die das ersetzen, was es bei seiner Mutter nicht erlebt hat, so ist es möglich, dass es im Verlauf seiner Loslösung vom Elternhaus mit einem eigenen Gebetsleben beginnt und darin vielleicht fortschreitet.

Häufiger ist der andere Verlauf: Beten bleibt das Fremde, mit dem das Kind endgültig nichts anfangen kann. Insistiert der Religionslehrer darauf, dass Beten wichtig ist, so treibt er es in die Opposition und erzeugt eine Abwehrstellung.“[103]

Konkretionen

Gebet eines Vierzehnjährigen

„Lieber Gott, bevor ich nun einschlafe, will ich dir für diesen schönen Tag danken. Auch wenn nicht immer alles so geschah, wie ich es mir vorgestellt habe, ist mir einiges gelungen, über das ich mich sehr gefreut habe. Gib mir die Kraft, das, was mir heute missglückt ist, zu verbessern und mit meinen Eltern und mit anderen Kindern nicht zu streiten. Bitte lass mich nun schnell einschlafen und etwas Schönes träumen. Amen."

„Lieber Gott, die Sonne ist gerade untergegangen, und ich bin sehr müde. Dieser Tag war sehr anstrengend. Ich möchte dir für alles danken, was ich heute erleben durfte. Natürlich habe ich auch Fehler gemacht. Ich merke, dass ich diese Fehler vielleicht wieder gutmachen kann, wenn ich den betroffenen Personen eine Freude bereite. Ich hoffe, dass ich morgen wieder so einen tollen Tag erleben darf. Heute bitte ich dich auch ganz besonders für die Kinder in den Ländern, in denen Armut herrscht und wo die Kinder auf der Müllhalde für sich und den Rest der Familie Essen suchen müssen. Amen."

Die Gottesbeziehung wird im Sprechen mit Gott vital erlebt. Menschen, die nicht beten lernen, haben es schwerer, mit Gott in einen lebendigen und alle Lebensbereiche einschließenden Kontakt zu kommen. Eröffnen Sie Ihrem Kind diese wichtige Dimension, indem Sie gemeinsam mit Ihrem Kind Dankesworte formen oder mit ihm ein religiöses Abendlied singen. Immer wieder sagen mir Studentinnen und Studenten, wie wichtig es für sie war und ist, dass ihre Eltern mit ihnen gebetet haben.

Wie Sie originell und Schritt für Schritt die religiöse Dimension in Ihre Familie hineinholen können, wenn Sie damit bisher wenig Erlebnisse und Erfahrungen machen konnten: Vielleicht kommt es Ihnen eigenartig vor, plötzlich mit Ihrem Kind vor dem Essen ein Gebet zu sprechen. Für ein Kind ist es eher eine Selbstverständlichkeit und erfreulich, wenn Eltern anfangen, mit ihm zu beten. Ein für Kinder angemessenes Gebet ist etwa:

Jedes Tierlein hat sein Essen,
jede Pflanze trinkt von dir,
hast auch unser nicht vergessen,
lieber Gott, wir danken dir.

Wenn Vater und Mutter sich dabei an der Hand fassen und das Kind in den Kreis mit einschließen, ist damit ein kleiner Höhepunkt im Alltagsgeschehen gesetzt. In den wenigen Situationen, in denen wir in meiner Familie unseren Kindern vor dem Essen nicht die Hand gegeben und mit ihnen gebetet haben, wurden wir von ihnen daran erinnert!

Ebenso ist es leicht möglich, am Abend Kindern eine Geschichte aus der Bibel vorzulesen und mit ihnen so darüber zu sprechen, wie sie es eben verstehen können, oder ihnen ein Kreuzzeichen auf die Stirn zu machen, ihnen die Hand zu geben und mit ihnen zu beten. Machen Sie keine zu großen Schritte – auch hinsichtlich der Dauer von Gebeten: Wenige Minuten können für das Kind als „Tagesschau“ dicht und intensiv sein.

Für viele Kinder ist damit auch der abendliche Abschied von den Eltern leichter. Sie merken: „Ich bin wichtig, und meine Eltern haben nicht nur Zeit zum Fernsehen, sondern auch für mich.“ Kinder erleben diese äußere und innere Zuwendung als hilfreich und aufbauend. Die Beziehung zwischen Ihnen und Ihrem Kind wird gerade durch religiöse Vollzüge intensiver. Eine äußerlich herbeigezogene Frömmelei und gedankenlos dahergebetete Formeln helfen jedoch überhaupt nicht, im Gegenteil

Erfahrungen, die wir mit „Beten“ gemacht haben, sind besetzt. Eine sehr eindrückliche Situation für mich war folgende:

Meine Eltern ernährten sich und uns Kinder auch durch eine kleine Landwirtschaft. Eines Tages brachten wir den großen Heuwagen gerade noch in die Scheune, bevor es zu blitzen, zu donnern und zu hageln begann. Es wurde dunkel, der Himmel öffnete seine Schleusen, der Strom fiel aus, und meine Großmutter nahm uns in das Wohnzimmer. Sie zündete eine Kerze an und betete mit uns: „Im Anfang war das Wort und das Wort war bei Gott und Gott war das Wort ...“ (Anfang des Johannesevangeliums). Seither kann ich diese Sätze auswendig. Was mir aber viel eindrücklicher geblieben ist und mich auch jahrelang beschäftigte, ist etwas anderes: Als wir lange genug beteten, zog das Gewitter ab. Wenn man lange genug betet, geht jedes Gewitter vorbei....

Als das Licht wieder anging, sagte mir meine Oma: „Albertle, hast du es jetzt gemerkt: Der Himmelsvater hat mit dir geschimpft, weil du mir den ganzen Tag nicht gehorcht hast.“

Ich habe heute noch die Gefühle parat, die damals in mir aufstiegen. Zum einen: „Der macht ja ein schönes Theater, nur weil ich nicht auf die Oma höre ...“ und: „Vor dem musst du dich in acht nehmen, der merkt sich alles, und dann macht er ein großes Donnerwetter ...“

In derart konkreter Kommunikation entstehen Gottesbilder und neue Bedeutungen. Jahrelang hat für mich Gott bedeutet: Er sieht alles, er merkt sich alles, und irgendwann lässt er es dich spüren. Nach Jahren habe ich dieses Gottesbild in mir auflösen können und lebe heute in einer offenen und vertrauensvollen Gottesbeziehung. Ich traue Gott gerade nicht mehr zu, dass er wie ein Götze oder wie ein Buchhalter abrechnet und sich rächt. Wir haben bei dem Thema „Gottesbilder", „Gericht Gottes" darüber schon nachgedacht.

Ich erzähle diese Erfahrung, weil ich zu meiner Großmutter sowohl damals als auch jetzt, nachdem sie schon lange tot ist, eine positive Beziehung hatte und habe und manchmal augenzwinkernd mit ihr „spreche".

Die Verzweckung des Gebetes als Autoritätsmaßnahme, dem Kind also mit dem Hinweis auf Gott Schrecken einzuflößen, ist religionspädagogisch unsinnig. Gebete sollen Menschen in ihrer Beziehung zu Gott stärken und aufbauen. Sie sollten angesiedelt sein in alltäglichen Vollzügen, die wir in die Beziehung mit Gott hineinstellen. Damit werden Gebete sehr lebensnah und bekommen einen Bezug für den Tag.

In der religiösen Erziehung ist von Anfang an darauf zu achten, dass das Kind Beten als ein persönliches Gespräch mit Gott verstehen lernt und dass es nicht einfach an gedankenlose Wiederholungen von vorwiegend unverstandenen Formeln gewöhnt wird. Kinder sollen die Erfahrung machen, dass sie tatsächlich „gehört" werden und von Gottes liebender Sorge umfasst sind (vgl. Abeln, Anm. 104, 6). „Schon das kleine Kind sollte wissen, dass man sich Gott voll anvertrauen kann, und dieses Wissen festigt sich in ihm, wenn es spürt, dass auch die Eltern ihr Vertrauen in Gott setzen. Mit anderen Worten: Gebetserziehung geschieht dort am besten, wo das Kind immer wieder erfährt, dass die ganze Familie ihre kleinen und großen Anliegen zu Gott bringt, dass sie alles, was das Leben bedrückt und bestimmt, was hell und dunkel ist in ihrem Leben, Gott sagt und dass sie sich in allem auf ihn verlässt. Dadurch wächst das Kind ganz allmählich und selbstverständlich in den Glauben der Eltern hinein."[104]

So wie Väter und Mütter mit ihren Kindern essen, spielen, sprechen, lachen und weinen, können sie auch gemeinsam mit ihren Kindern beten (vgl. Abeln, 5). Sie erschließen ihren Kindern damit ein Meer an Vertrauen, Ermutigung und Hoffnung. Es gibt keine

Grenze. Schon in den ersten Lebenstagen, auch schon vor der Geburt, ist es sinnvoll, mit Kindern zu beten. Auch wenn das zweijährige Kind noch nicht klar weiß, was Beten meint, so kennt es doch das Bedürfnis nach Schutz und Sicherheit und möchte Schmerzen, Freude und Ängste dem mitteilen, der es ganz versteht und es lieb hat (vgl. Abeln, 5). „Und darum ist es wichtig, dass Eltern, die ihr Kind an ein sinnvolles Beten gewöhnen wollen, einerseits wissen, was ihr Kind wirklich bewegt und bedrückt, und dass sie andererseits die kindlichen Freuden und Kümmernisse ernst genug nehmen, um sie mit dem Kind zusammen vor Gott zu bringen."[105]

Verstehen wir Beten als Gespräch, in dem wir alles, was uns widerfährt, in die Beziehung mit Gott hineintragen, dann erleben wir Gott mit unserer Erlebnis- und Gedankenwelt verbunden. Wenn Gebete lediglich „heruntergespult" werden, die die Kinder gar nicht verstehen, braucht man sich nicht zu wundern, wenn sie mit der Zeit nicht mehr beten wollen, und dann ist auch der Hinweis der ratlosen Eltern „Vergiss auch das Beten nicht!" sinnlos. Beten darf nicht zur lästigen Pflichtübung verkommen, vielmehr drückt Beten das Erlebnis von Geborgensein, Liebe, Hoffnung, Freude oder Trauer als Gottesbeziehung aus (vgl. Abeln, 8).

Was Sie schon morgen konkret tun können

Gerade für Eltern, die sich auf dem Gebiet der religiösen Erziehung wenig zutrauen, gibt es einige markante Möglichkeiten, die von heute auf morgen in einer Familie realisiert werden können:

Vor dem Essen ist es eine Geste der Dankbarkeit und der Kommunikation, wenn wir gemeinsam mit den Kindern beten. Dies kann bereits anfangen, wenn das Kind im Hochstuhl mit am Tisch sitzt. Nach dem Gebet reichen sich alle, die am Tisch sitzen, die Hände. Für Kinder ist das sehr beeindruckend, und sie lernen, dass Essen etwas mit Gemeinschaft untereinander und Gemeinschaft mit Gott zu tun hat.

Am Ende des Tages sollten Kinder nicht einfach ins Bett geschickt werden. Es ist ganz leicht, gemeinsam mit ihnen einen „Abendritus" zu entwickeln. Vater oder Mutter – wobei die Väter auf diesem Gebiet viel an Beziehungsdichte zu ihren Kindern gewinnen, wenn sie sich darauf einlassen – setzen sich an das Bett des Kindes und gehen mit dem Kind noch einmal den Tag durch, besprechen möglicherweise offene Konflikte, danken gemeinsam Gott für das, was schön war an diesem Tag oder legen Gott das in die Hände, was belastend oder traurig war, etwa wenn jemand in der Familie krank ist. Man kann diese Geschichte des Tages auch in ein einfaches Gebet bringen.

Mit der Zeit können sich auch andere Gebete entwickeln, die ein Kind von selbst lernen möchte. Oft will ein Kind von selbst anfangen, das „Vater unser" zu beten, weiß dann vielleicht mal nicht mehr weiter, versucht es aber die nächsten Abende wieder, bis es ihm vertraut ist.

Der Abendritus ist nicht einfach ein Abendgebet, das heruntergebetet wird. Vielmehr wird das gesamte Leben und die Kommunikation des abgelaufenen Tages abgerundet und mündet ein in Versöhnung, innere Ruhe und Geborgenheit, die Kinder am Beginn der Nacht ganz besonders brauchen.

„*Marléne*: In der Nacht, da glaube ich immer, es passiert irgend etwas Schreckliches – so, als würden die Geister kommen oder noch irgend etwas Schreckliches. Aber in der Frühe wach' ich auf, und es ist noch ganz dunkel wie in der Nacht, und renn rüber – weil ich so Angst hab' – zur Mama kuscheln.
Mutter: Und das ist dann schön?
Marléne: Ja.
Mutter: Das heißt, durch die Liebe, die du selber zur Mama hast, und durch das Vertrauen verschwindet dann deine Angst?
Marléne: Ja!
Mutter: Das heißt, die Mama kann die Geister vertreiben?
Marléne: Ja.
Mutter: So stark bin ich? Wow!
Marléne: Wenn ein kleines Kind geboren wird und es stirbt nach drei, vier, sechs Tagen, da möchte man ja selbst nicht mehr leben; und bei den Tieren ist es genauso. Wenn man stirbt, ist das unheimlich traurig. So traurig, dass man eigentlich nicht mehr leben möchte, obwohl man eh nicht mehr lebt. Aber ich habe mal gehört, dass wir nie sterben, weil wir beim lieben Gott weiterleben werden. Aber dann möchte man

ja schon nicht mehr beim lieben Gott weiterleben, weil man eigentlich auf der Erde vielleicht mit den Menschen spielen will oder irgend etwas Interessantes mit den Menschen machen will. Aber beim lieben Gott – vielleicht trifft man sich ja dort wieder, wenn einer dann stirbt, weil man beim lieben Gott ja nie stirbt."[106]

Kinder gehen gerne in die Kirche. Dies ist insofern nicht überraschend, weil sie die Stille und die besondere Atmosphäre der Kirchen viel intensiver aufnehmen als manche Erwachsene. Ich kenne Eltern, die mit ihrem Kind während der Woche in die Kirche gehen und mit ihnen die Figuren anschauen, ein kurzes Gebet sprechen oder eine Kerze anzünden. Dies ist für Kinder ein urtümliches religiöses Erlebnis, weil sie dafür (noch) eine ganz besondere Sensibilität haben. Dies kann ja auch mit bestimmten Anliegen verbunden sein. Ich kenne aus unserer eigenen Familie folgende Situation:

Ich war mehrere Wochen mit Studierenden in Lateinamerika und unsere damals 6-jährige Ingrid wollte jeden Tag mit meiner Frau in die Kirche gehen, um für mich zu beten, dass mir und uns nichts passiert. Natürlich war es für sie auch reizvoll, wenn sie eine Kerze anzünden konnte. Kerze und Licht sind schließlich ein ganz wichtiges Symbol gegen Angst, Dunkelheit und Unsicherheit.

Kinder brauchen biblische Geschichten – „Die biblischen Geschichten wirken auch ohne Sie"

Biblische Geschichten sind Unheilsgeschichten, Heilgeschichten und Rettungsgeschichten. Nicht alle biblischen Texte eignen sich für Kinder. Gute Kinderbibeln, die es in einer großen Anzahl inzwischen gibt, können dabei behilflich sein.

Während einer Diskussion mit Eltern sagte mir eine junge Mutter: „Wie kann ich denn meinem Kind aus der Bibel vorlesen, wenn ich selber viele biblischen Geschichten nicht glauben kann oder sie selber nicht verstehe?" Eine Teilnehmerin dieser Diskussion, Rose Renner aus Freiburg, Kinderpsychotherapeutin mit großer Erfahrung und Ausstrahlung, sagte, bevor ich selber reagieren konnte, zu dieser Mutter: „Machen Sie sich keine Sorgen. Die biblischen Geschichten wirken auch ohne Sie."

In der Tat ist es so, dass biblische Geschichten etwas mit Kindern machen und Kinder etwas mit biblischen Geschichten machen. Die Eltern müssen dabei nicht notwendigerweise der Filter sein. Wir sind vielmehr Medium dafür, dass Kinder solche Geschichten hören und erleben können.

16 Maßstäbe für kindgemäßes Beten – Zur Vertiefung

Reinhard Abeln[107] hat überzeugende Maßstäbe für richtiges Beten mit Kindern formuliert. Dieser nachfolgende Vertiefungstext kann Sie zu eigenen Erfahrungen anregen.

„Gebetserziehung heißt vor allem, die Lebenserfahrungen eines Menschen in den Zusammenhang mit Gott zu stellen, und damit kann man nicht früh genug beginnen. Wichtig ist allerdings, dass dies in der rechten Weise geschieht. In den folgenden Ausführungen soll einmal versucht werden, Eltern und Erziehern einige praktische Anregungen und Hinweise zu geben, die ihnen für das Beten mit ihren kleinen und größeren Kindern sowie für das gemeinsame Gebet in ihrer Familie eine kleine Hilfe sein könnten:

(1) Eine *erste Ahnung* von Gott geht dem Kind bereits dann auf, wenn es seine Eltern die Hände falten und beten sieht. Zwar versteht der kleine Säugling das Gebet seiner Mutter und (oder) seines Vaters noch nicht; er spürt aber aus der ganzen Atmosphäre heraus, dass hier etwas Wichtiges und Geheimnisvolles vor sich geht, dass die Eltern aus diesem Gespräch friedlicher, zuversichtlicher und gelöster herauskommen, dass Vertrauen, Freude und Dankbarkeit auf ihren Gesichtern liegen. Und eines Tages wird dann das Kind erfahren, dass dieser Große und Unbekannte, den man weder sehen noch hören noch greifen kann, Gott genannt wird. Wie seine Eltern wird auch das Kind einmal auf diesen Gott seine Hoffnung richten.

(2) Die Gebete des Kindes, besonders des Kleinkindes, müssen *kindhaft* sein. Kindhaft heißt aber nicht: das Religiöse verniedlichen. Wenn Eltern ihr Kind nur mit den ‚guten Engelein' und dem ‚lieben Jesulein' sprechen lassen, verführen sie es zu einem kindischen und einfältigen Verständnis und gefährden damit das altersgemäße Reifen seiner Beziehung zu Gott. So kann zum Beispiel ein Kind – an eine so verniedlichte Glaubenswelt gewöhnt – eines Tages erklären: ‚Mir gefallen aber die Teufelein noch viel besser als die Engelein.' Kindgemäß sind Gebete erst, wenn sie der kindlichen Mentalität entsprechen, d.h., wenn sie vom Kind richtig verstanden und persönlich mitvollzogen werden können.

(3) Alle *schwierigen Gebetsformeln* sind zu vermeiden. Das Kind soll verstehen können, was es betet, sonst wird das Sprechen mit Gott zu einem leeren Gerede. Es kann sogar sein, dass das Kind die Worte eines Gebetes so lange umformt, bis sie auch ihm verständlich werden. Ein sechsjähriges Kind bildete einmal das Gebet: ‚Der Engel des Herrn brachte Maria das Putzschaff und zehn Pfennig vom Heiligen Geiste.' Und beim Abendgebet hieß es statt: ‚dann schlaf ich sicher, keusch und rein' – ‚dann schlaf ich sicher g'räuchert ein'. Solche Textverdrehungen treten immer wieder auf, wenn man das Kind ein Gebet sprechen lässt, das seine Fassungskraft übersteigt und das nicht in einem unmittelbaren Zusammenhang mit seiner eigenen Lebenserfahrung steht.

(4) *Selbstgeformte (freie) Gebete* sind für kleine Kinder besonders wichtig. Den Eltern, vor allem den Müttern, fällt es ja nicht sonderlich schwer, sich in ihr Kind hineinzudenken und seine Nöte und Sorgen mitzuempfinden. Der Alltag mit seinen vielen Erlebnissen, Problemen und Erfahrungen, die jeweilige Situation, aber auch der Jahresablauf mit seinen Gedenktagen und Festen – all dies bietet genügend Stoff, um Eltern und Kinder in Dank und Bitte mit Gott sprechen zu lassen. Die bekannten gängigen Kleinkindergebete mit ihren festgelegten Texten sind dagegen weithin ungeeignet, zu einem Gespräch mit Gott zu führen; das Kind findet sich in ihnen nicht genügend wieder und erfährt damit keine konkrete Bezogenheit auf Gott in seiner einmaligen Situation.

(5) Gebetstexte dürfen auf ein Kind nicht *beängstigend* wirken. Manche Vorstellungen, die den Erwachsenen nicht stören, können in einem Kind unangenehme, sogar ekelerregende Begleitvorstellungen hervorrufen. Vielleicht kann ein Kind kein Blut und keine Wunden sehen oder erschrickt schon bei dem Gedanken daran. So wirkt denn das Gebet ‚Dein Gnad' und Jesu Blut machen allen Schaden gut' nicht beruhigend, sondern beängstigend.

Gleiches gilt für die übernommene Bitte des Kindes: ‚In deine Wunden schließ mich ein.' Eine Wunde ist für ein Kind aufregend, erschreckend, vielleicht sogar abscheuerregend. Darin Trost und Sicherheit zu finden übersteigt das kindliche Fassungsvermögen.

(6) Das gute Sprechen mit Gott setzt ein *richtiges Gottesbild* voraus. Eltern dürfen ihrem Kind Gott nicht als ‚Wundermann' oder ‚Zauberer' darstellen, der, wenn er will, alle persönlichen Wünsche erfüllen kann. Gott ist auch nicht der allwissende, unheimliche ‚Aufpasser', der alle kindlichen Unarten notiert und bestraft à la ‚Es ist ein Aug, das alles sieht, auch was in finstrer Nacht geschieht'. Gott hat sich vielmehr vor allem durch Jesus als der gute Gott zu erkennen gegeben, der immer nahe ist mit seiner Liebe und Hilfe, der Vater-Gott, von dem alles kommt und dessen Geschenke wir dankbar annehmen dürfen. Die Kinder sollen spüren können, dass sie ebenso wie ihre Eltern diesem Gott gehören und ihn brauchen; dass Gott sie mag, dass er mit aller Liebe auf sie schaut und Anteil nimmt an ihren Freuden und an ihrem Leid. Und eines Tages wird dann auch die Antwort auf diese Erfahrung der Liebe Gottes kommen: ‚Lieber Gott, dein Simon hat dich lieb' oder: ‚Ich mag dich, lieber Gott.'

(7) Gott darf nicht *als Erziehungshilfe* benutzt werden. Manche Eltern lassen sich leider dazu verleiten, dass Gott dafür herhalten muss, beim Kind zu erreichen, was sie durch ihre Pädagogik nicht zustande bringen. Das beginnt schon mit dem penetrant moralischen Gebetssätzchen ‚Mach ein braves Kind aus mir'. Und es setzt sich fort in all den Redewendungen, die so schnell mit der ‚Strafe Gottes' mit ‚Sünde und Hölle' oder mit der Versicherung, dass ‚Gott auf das Kind böse' sei, bei der Hand sind. Auf diese Weise zeigen Eltern ihren Kindern nicht, wie es eigentlich notwendig und richtig

wäre, einen liebenswerten und freundlichen Gott, einen Gott, der ihnen nahe ist und bei dem sie geborgen sind, sondern sie vermitteln ihnen einen strengen, strafenden, humorlosen, ja einen hinterhältigen Gott, der kein Verständnis für das Wesen und die Vitalität eines Kindes hat. Und die Folgen? Die Kinder werden dadurch in die Enge getrieben; sie entwickeln einseitige religiöse Vorstellungen, die sich emotional tief einprägen und ihre künftige geistige und seelische Entwicklung bestimmen.

(8) Alles *Schiefe* und *Unwahre* beim Beten belastet die religiöse Entfaltung des Kindes und erschwert den Zugang zu einem lebendigen Glauben. Wer zum Beispiel seinem Kind, das auf dem Küchenstuhl reitet (obwohl es ihm verboten wurde) und dabei hinfällt, sagt: ‚Das ist die Strafe Gottes!', spricht gedankenlos. Er macht Gott nach eigenem Ermessen zum magischen Erziehungsgehilfen, d. h., er erzeugt ein verdrehtes Gottesbild beim Kind. Wir beten (bitten) nicht, um uns Gott gefügig zu machen, sondern in dem Vertrauen, dass Gott uns sieht und unser Glück will, dass er unser Glück aber auf seinen Wegen verwirklicht. Eine solche ‚Gebetshaltung' muss dem Kind von Anfang an vermittelt werden.

(9) Zu einer richtigen Vorstellung von Gott gehört immer, dass Eltern ihren Kindern *Gott* auch als *den Großen* zeigen, den ganz Anderen, den nicht Verfügbaren, den Herrn über Leben und Tod, der schenkt, der aber auch vorenthalten und nehmen kann.

Gerade die Erfahrungen der Kinder mit Krankheit, Verlust, Leid und Tod können nur von dieser Sicht Gottes her verstanden, aufgearbeitet und angenommen werden. In diesem Sinne können zum Beispiel Eltern und Kinder miteinander beten: ‚Lieber Gott, unsere Großmutter ist tot. Deswegen sind wir alle sehr traurig. Wir müssen immer an sie denken, weil wir sie so gern gehabt haben. Bitte, vergiss du sie nicht! Du hast sie ja auch liebgehabt. Amen.'

(10) Da es ein Wesenszug des Kindes ist, dass es auf Hilfe angewiesen ist, so ist es wohl selbstverständlich, dass man dieses *Auf-Hilfe-angewiesen-Sein* auf Gott rückbezieht und das Kind im Gebet um alles vertrauensvoll bitten lässt, was es braucht.

Ganz allmählich sollte dann dieses kindliche Bitten übergehen in eine Fürbitte für andere: für die Eltern, für die Geschwister, für die Freunde, für das Kind mit dem Hungerbauch, den das Kind am Bildschirm gesehen hat, usw. Hier ein Gebetsbeispiel: ‚Vater im Himmel, heute berichtete das Fernsehen von einem großen Unglück. Warum kommt so großes Unglück in die Welt? Wir können es nicht verstehen. Wir können dich nur bitten, lass viele Menschen spüren, dass sie jetzt rasch helfen müssen, so gut sie können. Lass die Unglücklichen nicht verzweifeln! Nimm die Toten zu dir in den Himmel und gib denen Kraft, die leiden müssen!' (Josef Quadflieg).

(11) *Reimgebete* (Versgebete) werden sehr leicht zur Schablone. Diese Gebete (etwa: ‚Lieber Gott, mach mich fromm, dass ich in den Himmel komm') sind zwar sehr beliebt – auch das Kind mag sie gern –, aber die Gefahr, dass sie nur heruntergeplappert werden, ist sehr groß. Sie haben oft wenig mit der wirklichen Welt zu tun, in der wir heute alle leben. Das Bild von Gott, das in ihnen zum Ausdruck kommt, ist nicht selten schief und irreführend.

Auch ist zu befürchten, dass man mit der Festlegung auf ein bestimmtes Reimgebet das Kind ein Leben lang auf einen Entwicklungsstand fixiert, über den es eines Tages hinausgewachsen sein wird. Gewohnheitsmäßig wird es aber – oft bis ins hohe Alter – an seinen Kinderversen festhalten. Das gilt zum Beispiel für das bekannte Abendgebet: ‚Bevor ich mich zur Ruh begeb', zu dir, o Gott, mein Herz ich heb' ... und für das verbreitete Morgengebet: ‚O Gott, du hast in dieser Nacht, so väterlich für mich gewacht ...'

(12) In *Formelgebete* (‚empfangene' Gebete) muss sorgsam und schrittweise eingeführt werden. Das gilt vor allem für die großen Gebete der Christenheit, die dem Schulkind nahe gebracht werden; das Vaterunser, das Ave Maria, das Sanctus und das Gloria, das Ehre sei dem Vater, die Psalmen. Es sollte Eltern und Religionslehrern nie darum gehen, einfach das ganze Gebet nur auswendig lernen zu lassen. Man muss es vielmehr satzweise darbieten, satzweise einüben und allmählich erfassen lassen. Etwa aus dem „Gloria" der hl. Messe: ‚Wir loben dich, wir preisen dich, wir beten dich an.' Oder aus dem Sanctus: ‚Heilig, heilig, heilig, Gott, Herr aller Mächte und Gewalten! Erfüllt sind Himmel und Erde von

deiner Herrlichkeit!' Solche Sätze können vom Kind verstanden und vollzogen werden.

(13) Das *Vaterunser* ist an sich kein Gebet für Kinder. Wohl aber können Kinder aus diesem kostbaren und unentbehrlichen Gebet der Kirche, das uns der Herr selbst gelehrt hat, einzelne Bitten verstehen: ‚Unser tägliches Brot gib uns heute' – ‚Dein Wille geschehe' – ‚Vergib uns unsere Schuld!' Es wird gut sein, wenn Eltern aus dem Vaterunser immer wieder einzelne Bitten herausnehmen, sie erklären und paraphrasieren (ausschmücken), und so ganz allmählich bei ihren Kindern einüben. Gleiches gilt für die Psalmen, aus denen schon vier- bis fünfjährige Kinder immer wieder einzelne bildhafte Sätze und „Kehrverse" (zum Beispiel: ‚Der Herr ist mein Licht und mein Heil, wen sollte ich fürchten?' oder: ‚Von allen Seiten umgibst du mich und hältst deine Hand über mir') nahe gebracht werden können.

(14) Die Reifezeit bringt eine *Krise des Betens* mit sich. Diese Krise erfasst alle heranwachsenden Kinder, auch jene, welche von ihren Eltern von klein auf richtig zum Beten hingeführt wurden. Nun weigern sich die Heranwachsenden, beim gemeinsamen Gebet mitzutun, in die Kirche zu gehen, überhaupt zu beten. Hier ist größte Behutsamkeit und Diskretion seitens der Eltern geboten. Was diese tun können, ist, in dieser Phase weniger mit ihren Kindern über Gott, aber mehr mit Gott über ihre Kinder zu sprechen! Vielleicht kann den heranwachsenden jungen Menschen ein wenig geholfen werden durch gute Literatur (Gebetssammlungen), die ihnen Anregungen und Ermutigungen zu einem eigenständigen Beten geben könnte. (In dieser Hinsicht gibt es eine Reihe von jugendgemäßen Gebetbüchern, die beispielhaft freie Gebete darbieten.)

(15) Auch heute sollte das *gemeinsame Beten* in der Familie seinen Platz haben. Es sollte das ehrliche Bemühen der Eltern sein, ein paar Schwerpunkte zu suchen, an denen sie mit ihren Kindern gemeinsam beten können. Solche Schwerpunkte des Betens (bei den Mahlzeiten, am Abend ...) sind in den meisten Fällen sicher nicht täglich möglich; aber in den Zeiten, wo die Familie intensiver miteinander leben kann – zum Beispiel am Feierabend, am Wochenende, an Festtagen –, müssten sie mit eingeplant werden, weil es

zum gemeinsamen Leben gehört. Jede Familie muss sich das für ihre Situation überlegen; hier kann man keine Rezepte geben.

(16) Das Gebet muss *lebendig* bleiben. Deshalb empfiehlt es sich, dass Eltern und Kinder hier immer wieder für Abwechslung sorgen. Auch das Schönste verliert an Glanz, wenn es täglich hervorgeholt wird. Und selbst die Lieblingsspeise schmeckt nicht mehr, wird sie Tag für Tag aufgetischt. So tut auch Abwechslung beim Beten gut und weckt das Herz immer wieder auf. Hier gibt uns zum Beispiel die Liturgie der Kirche in ihren Texten und Liedern gute Anregungen (etwa: ‚Danket dem Herrn, denn er ist gütig, und sein Erbarmen währet ewig!' Psalm 36,1). In vielen Familien hat es sich sehr bewährt, größere Kinder mit der Gestaltung des Familiengebetes (sei es des täglichen oder des schwerpunktmäßigen am Samstag oder Sonntag) zu beauftragen.

(17) Kinder sollten sich *wohl fühlen* beim Beten. Sie sollten erfahren: Der große und gute Gott mag mich, so, wie ich bin, trotz meiner Fehler und Schwächen. Diese Erfahrung der Liebe Gottes ist ja der Anfang aller Dinge, wenigstens für die Kinder, meist auch für die Erwachsenen. Vielleicht darf man sagen: Wo recht gebetet wird, da erfahren Eltern und Kinder in jener neuen und beglückenden Art Gott. Und das ist ein Lebenswert, der nicht hoch genug veranschlagt werden kann.

(18) Schließlich ist für das Beten in der Familie noch wichtig: Das Gespräch mit Gott kann nur in einer *Atmosphäre der Sammlung und Stille* gedeihen (kein Lärm, kein Radio, kein Fernsehen). – Das Familiengebet müsste sich nicht nach dem kleinsten, sondern nach dem ältesten Kind ausrichten. Das letztere soll ja nicht den Eindruck gewinnen, dass es vor Gott wieder auf eine bereits überwundene Stufe zurückgedrängt wird. – Beim Beten mit den größeren Kindern sollten die Ereignisse des Tages, das Geschehen in der weiten Welt, die Politik, Krieg, Unterdrückung, Armut, Elend, Hunger usw. mit in die Texte und Fürbitten hineingenommen werden. – Manche Familien verwenden für ihr Familiengebet – gerade bei den Schwerpunkten, am Samstag oder Sonntag – gerne Texte aus der Hl. Schrift, Antiphonen (Leitverse), Hymnen und Gebete der Festzeiten. In diesen Familien gibt es keine Eintönigkeit beim Beten."

17 Erstkommunion als Familienkatechese

In vielen Gemeinden kommt das übliche Modell der Kommunionvorbereitung an eine Grenze, weil viele Mütter oder Väter, die Erstkommuniongruppen begleiten, sagen: „Wir sind eigentlich nicht das katechetische Dienstmädchen der anderen Eltern!"

Folgendes Beispiel ist nicht erfunden. Eine Mutter sagt der anderen Mutter: „Ich bezahle dir viel Geld, wenn du für mich mein Kind auf die Erstkommunion vorbereitest." Darin spiegelt sich eine Einstellung nach dem Motto: „Ich lehne mich zurück. Ich habe meine Leute, die das für mich machen."

Diese katechetische „Delegations-Mentalität" kommt an die Grenze. Es wird zunehmend deutlicher, dass es sehr schwierig ist, Kinder auf die Erstkommunion vorzubereiten, wenn nicht auch die Eltern sich auf die Glaubenskommunikation mit ihrem Kind einlassen. Deswegen begleiten wir zunächst einmal die Eltern auf dem Weg zur Erstkommunion ihres Kindes, damit sie selber zu Hause – in den eigenen vier Wänden, an der Bettkante, am Stubentisch, vielleicht eine Kerze dabei brennend – sich mit ihrem Kind in Familiengesprächen gemeinsam anhand eines *Familienbuches*[108] auf die Erstkommunion vorbereiten. Wir haben dafür eine neues Familienbuch entwickelt, das von vielen Eltern als große Hilfe angesehen wird. Die Aufgeschlossenheit für eine neue Form von Religiosität und eine neue Form von religiöser Erziehung ist im Kommen!

Kaup[109]: „Wir leben heute in einer Gesellschaft, wo praktizierter Glaube keine Selbstverständlichkeit mehr ist. Religion gehört allenfalls zu den kulturellen Residuen in einer nach außen hin säkularen Welt. ‚Ich glaub nix – mir fehlt nix' drückt die Mentalität vieler Eltern aus, die auch an den Kindern nicht spurlos vorübergeht. Ist da überhaupt genügend Interesse und Bewusstsein dafür da, wie wichtig religiöse Erziehung für die menschliche Entwicklung von Kindern ist?"

Biesinger: „Die Gruppe von Eltern, die sich gar nicht auf Religiosität einlassen, ist kleiner, als man denkt: Sehr viele Menschen sind auf Gottsuche. Dieser Prozess läuft zwar zur Zeit nicht immer in den Kirchen ab, weil durch die Kirchenkonflikte manche keinen Zugang mehr zur Gottesbeziehung und Glaubensgemeinschaft haben. Aber auch das wird sich eines Tages wieder ändern, auch die Kirchenkrise wird irgendwann mal aufhören, und es wird zu einer neuen Kirche kommen."

Wir machen bei dem Weg „Erstkommunion als Familienkatechese" keine Voraussetzungen. Die Eltern sind eingeladen so, wie sie sind. Bei den monatlichen Elterntreffen sitzen Väter und Mütter, Paare und Alleinerziehende, erfolgreiche Menschen und Menschen, die im Leben schon ziemlich große Probleme hatten, in einem Kreis zusammen. Ich bin der Meinung: Es gibt keine heilen Familien. Ich kenne keine einzige. Und die so heilig oder so heil tun, da ist meistens etwas verschüttet oder verdeckt.

Wir machen die besten Erfahrungen, indem wir allen Eltern das *Familienbuch* (s. Literaturverzeichnis) in die Hand geben und ihnen sagen: „Probiert es damit, so wie ihr könnt." Wir machen ihnen Mut, dass sie die Angst verlieren, es nicht zu können. Die meisten Eltern wollen schon, haben aber keinen Zugang; sie wissen nicht, wie es gehen soll.

Und dann sehen wir oft leuchtende Augen, und die Eltern sagen: „Ja, wenn es so leicht ist – das kann ich auch!" So setzt sich dieses breit angelegte Konzept langsam durch als eine Art religiöser Alphabetisierung – gerade auch bei Menschen, die Schwierigkeiten haben und eher sagen: „Ich kann Gott nur entgegenzweifeln", die sich gar nicht so sicher in der Gottesbeziehung sind, die aber spüren: *Es ist da etwas oder jemand, ich gehe auf etwas oder jemanden zu, auch wenn ich manchmal nicht so genau weiß, was oder wer es ist.*

Diese Familiengespräche bieten kernigen Stoff: Geschichten und Gesprächsanregungen, auch kindgemäße Gebete, die Eltern und Kinder gemeinsam beten können, einen kurzen biblischen Impuls, eine kurze, leicht verständliche Zusammenfassung – also viele Anregungen, die einem helfen, ohne dass man vorher etwas können muss, um sich auf solche Gesprächen einzulassen.

Zur Praxis der Familienkatechese

Eltern treffen sich einmal im Monat zum religiösen Gespräch im weiteren Sinn, um sich den Fragen des Lebens zu stellen und Antwortmöglichkeiten und Deutungen aus dem christlichen Glauben zu suchen. Einmal im Monat können fast alle Eltern, zumal Familienkatechese eine kommunikative Oase bedeutet: *Ich komme zur Ruhe. Ich kann mich mit Menschen austauschen. Ich kann mal nachdenken. Ich komme auch zur Meditation.*

Wenn Eltern sagen: „Dafür habe ich keine Zeit", dann ist zurück zu fragen: „Überlegen Sie mal, wie viele Stunden Sie in der Woche vor dem Fernseher sitzen ..." Eine halbe Stunde in der Woche für ein religiöses Gespräch mit dem eigenen Kind anhand des Familienbuches ist keine Frage der Zeit, sondern eine Frage der Wichtigkeit: *Was ist mir wichtig*? Für das, was mir wichtig ist, habe ich - in der Regel - Zeit. Wenn mir mein Kind, wenn mir die Begleitung meines Kindes und auch seine religiöse Förderung wichtig ist, dann nehme ich mir die halbe Stunde. Erst einmal tut es mir selber gut als Vater oder Mutter. Eltern werden meist auch ruhiger nach der Hektik des Tages. Es ist auch ein gewisser Abschluss des Tages, wenn sich Eltern an das Bett der Kinder setzen und ihnen aus der Bibel vorlesen und eine Geschichte aus den Bausteinen zum Familiengespräch hören. Und es stärkt auch die persönliche Kommunikation zwischen Eltern und Kindern, die im Erwachsenenalter noch tragen kann.

Beispiel: Advent und Weihnachten

> *Kaup*[110]: „Wer jetzt im Advent durch die beleuchteten Einkaufsstraßen hastet, dem entgeht wohl kaum der Glamour und Glitzer des vorweihnachtlichen Konsumrausches. Eine Zeit der Unruhe und Hektik ist ausgebrochen, geschmückt mit Lametta und blinkenden Lichterketten. Überall locken die in rotes Silberpapier verpackten Sonderangebote mit der unwiderstehlichen Überzeugungskraft infantiler Weihnachtsmännchen. Die Vermarktung der Sehnsüchte aus der Kinderzeit hat eingesetzt, abgefüllt an Punschständen, abgespeist mit Lebkuchenherzen. Der eigentliche Sinn von Advent und Weihnacht scheint vollkom-

men vergessen. Wiedererinnern und aktualisieren – das wäre gar nicht so schwer. Advent ist eine reiche Zeit für gemeinsame Riten und für das Entdecken der Kraft der Symbole."

Es ist für Kinder eine wunderschöne Erfahrung, wenn sich die Familie abends um den Adventskranz setzt, eine Adventsgeschichte liest, über die man auch anschließend sprechen kann, wenn Eltern mit den Kindern ein Adventslied singen und nochmals über den Tag sprechen. Das tut der Seele eines Kindes, aber auch den Seelen der Erwachsenen gut. Eine solche Art von religiöser Erziehung ist für die Seele eines Kindes wie Balsam, ist auch Psychohygiene, welche die Seele eines Kindes aufbaut.

Religiöse Erziehung ist leicht. Man muss nicht studiert haben, sondern es geht um Alltagsvollzüge mit bestimmten Symbolen. Dann kann vielleicht dabei herauskommen: *Wir schenken uns zu Weihnachten Geschenke.* Das hat seinen Sinn, weil Gott sich selber uns schenkt. Die Geschenke, die wir kaufen, sind auch ein Zeichen von Liebe und Zuwendung. Und der tiefste Kern, weshalb wir uns zu Weihnachten etwas schenken, ist letztlich, dass Gott diese Welt eben nicht alleine lässt, sondern in Jesus Christus rettet. Das feiern wir in der Heiligen Nacht: Gott wird Mensch. Und das ist das größte Geschenk, das Gott uns Menschen machen kann. Weil Gott uns ein Geschenk macht, deswegen schenken wir uns untereinander Geschenke. Das verstehen Kinder schnell und tief.

Marléne[111]: „Der liebe Gott ist ein Schatz für uns, weil er uns einfach liebt und weil wir ihn lieben. Das ist genau so, wie ein Ring, den du so sehr liebst, und der ist echt Gold mit einem silbernen Diamanten, der so viel glitzert – und Gott ist vielleicht mehr wert oder vielleicht gleich viel wert. Das Wichtige ist halt, dass man ihn spürt und dass er uns spürt."

Der „Mehrwert" religiöser Erziehung – vom Sinnüberschuss

Familienkatechese bringt mehr Lebensqualität und religiöse Erziehung einen Überschuss an Sinn. Es geht nicht um eine Vorfeldrekrutierung der Kinder für ein späteres kirchliches Engagement oder gar um Glaubensindoktrination – im Gegenteil: Die Freiheit der Einzelnen bleibt der zentrale Angelpunkt.

Niemand *muss* daran glauben, von Gott zu kommen und auf Gott hinzugehen. Niemand *muss* daran glauben, dass Gott es gut mit jedem Menschen meint. Das *kann* ich glauben. Alle Menschen werden eines Tages Gott begegnen: die einen erst in der Stunde des Todes, weil sie es vorher nicht gemerkt haben oder nicht merken konnten. Es ist umso besser, je früher ich Gott in diesem Leben schon kennen lernen und mit ihm in Beziehung leben kann, mein Leben also als Gottesbeziehung gestalten kann – dann habe ich doch jetzt schon etwas davon!

Wenn ich das Leben in dem großen Bogen der Gottesbeziehung interpretieren darf und kann, dann gewinne ich eine ungeheure Weite für meine Existenz, weil ich dann weiß: Die 84 Jahre, die ich vielleicht hier leben kann, wenn es gut geht, sind schon ein Teil der Ewigkeit. Die Stunde, in der wir jetzt gerade sind, ist ein Teil der Ewigkeit. Mein Leben ist nicht herausgeschnitten aus der Ewigkeit, sondern ich bin im großen Bogen, im großen Sinnbogen, in der großen Beziehung mit Gott und bleibe in dieser Beziehung, auch wenn dieser Körper eines Tages seine Dienste versagt – und eines Tages wird mein Körper absterben und absterben müssen. Wenn ich ewig leben will, dann geht es ja gar nicht anders. Und dann kann ich die Arme auf Gott hin ausstrecken und muss vor Gott keine Angst haben.

Für viele Menschen ist gerade dies der Punkt, dass sie eine Kirche auf der Ebene von Druck erleben: *Du glaubst nicht richtig! Du machst das hier nicht richtig und dort nicht richtig!* Kirche muss die Menschen ermutigen: *Probier's! Versuch, dich zu entwickeln in deiner Gottesbeziehung, auf deinem religiösen Weg. Mach deine Erfahrungen, und orientiere dich an dieser grandiosen Botschaft, dass du von Gott kommst und auf Gott hingehst und dass Gott keine Minute deines Lebens von dir weggeht.*

Wenn es dunkel wird in meinem Leben, wenn ich vor offenen Gräbern stehe: natürlich bin ich da traurig, enttäuscht, verzagt, ängstlich. Aber Gott haut nicht ab, wenn es kritisch wird im Leben. Gott verlässt uns nicht! Sondern: Wenn Gottes Sohn am Kreuz stirbt, dann signalisiert das: *Im Leid dieser Welt bin ich, Gott, vorhanden, bin ich da, auch wenn eure Augen das nicht sehen können, weil sie gerade voll von Tränen sind.*

Marléne[112]: „Hier auf der Erde kann man viel tun. Ich weiß ja nicht, wie es nach dem Tod ist; oder vielleicht gibt es keinen Himmel? Oder vielleicht gibt es keine Hölle? Ich weiß nicht. Aber auf jeden Fall weiß ich, dass das Leben – ob traurig oder einmal hübsch – einfach wert ist. Das hab' ich euch zu sagen."

Nochmals: Familienkatechese

Familienkatechese ist kein Modell, das Gott von außen als metaphysischen Fremdkörper in die Familie einführt. Sie geht vielmehr von der theologischen Überzeugung aus, dass Gott schon längst in der Familie ist

Wenn wir davon ausgehen, dass menschliches Leben von Gott kommt, dann ist in der Familie, in der menschliches Leben gezeugt, gepflegt und erzogen wird, Gott schon da. *Gott kommt vor dem Missionar,* wie der brasilianische Theologe LEONARDO BOFF es sehr prägnant gesagt hat. Gott ist schon in der Familie, bevor Eltern und Kinder mit Familienkatechese beginnen. Aber: Der gemeinsame Weg der Familienkatechese kann dazu helfen, dass dies uns Erwachsenen und unseren Kindern Schritt für Schritt bewusster wird. Familienkatechese ist letztlich ein Bewusstwerdungsprozess, so dass ich merke: *Ich bin ja aus Gottes Hand in Gottes Hand! Gott ist schon da. Wir können ihn feiern und wir können darauf hoffen, dass er uns über den Tod hinaus rettet.*

18 Kinder stark machen – Kinder brauchen Gottesdienste

Kinder brauchen Liturgie

Im ursprünglichen Sinne ist Liturgie auch das „Spiel vor Gott". Kinder spielen gern. Sie spielen sich in die Welt und in die Gottesbeziehung hinein und erleben neue religiöse Bedeutungen ihres Lebens.

Es entsteht eine Tiefendimension ihrer Existenz, wenn Gesten und Erfahrungen des Alltags spielerisch oder schweigend gedeutet werden.

Wir Eltern machen uns grundsätzlich Sorgen, was aus unseren Kindern wird. Es ist auch gut so. Pflegen, hegen, sorgen, aufbauen, begleiten, stärken sind wesentliche Elemente von Elternsein. Wir sind die „älteren“, „Eltern“ nicht nur, was Lebensjahre angeht. Daß Kinder lebensfähig und überlebensfähig werden, kann in der einen, aber auch in der anderen Richtung übertrieben oder vernachlässigend unterstützt werden.

Meine Großmutter, die ich sehr liebte und zu der ich auch heute viele Jahre nach ihrem Sterben noch einen guten „Draht“ habe, sagte mir einmal: „Albert, wenn dich einer schlägt, du darfst nicht zurückschlagen. Jesus hat auch nicht zurückgeschlagen.“ Dies habe ich eine Zeit lang beherzigt und wurde mit dieser edlen Geste Schritt für Schritt zum Opfer derer, die jemanden zum Schlagen brauchten. Ich lernte erst Schritt für Schritt, mich zu wehren, und wehre mich bis heute, wenn mich jemand angreift, durch Gespräche, Gesten, Streiten, nicht aber durch Schlagen.

Aber auch die andere Erfahrung macht nachdenkenswert, wenn Eltern ihren Kindern von Anfang an beibringen: „Schlag zu, wehr dich, setz dich durch, nur die Stärkeren überleben!“ Viele dieser Kinder werden zu egoistischen „Schlägertypen“, die Kindergartengruppen tyrannisieren, die in Schulklassen auffällig werden und immer weniger Möglichkeiten in sich selber haben, Konflikte durch Gespräche, durch Diskussionen und Kompromisse zu lösen.

Kinder müssen auch lernen, Grenzen einzuhalten. Kinder stark machen heißt aber auf der anderen Seite, sie in ihren Anlagen zu stärken, die es ihnen möglich machen, zu sich selber zu finden, sich in der Kommunikation mit anderen Kindern bemerkbar zu machen, sich mit ihren Ansprüchen einzubringen und dann wiederum auch kompromissbereit zu sein.

„Starke Kinder haben's leichter" – Ein Familiengottesdienst[113]

In einem von Kindergartenkindern und deren Eltern unter Anleitung ihrer Erzieherinnen entwickelten und in der vollen Kirche gefeierten Familiengottesdienst machte ich eine Erfahrung, die mich sehr anrührte und die ich Ihnen vorstellen möchte. Vielleicht können Sie einiges davon in Ihrer Umgebung umsetzen und weiter entwickeln.

Einzug der Kinder mit dem Lied[114]

„Einfach spitze, dass du da bist…"

1. Einfach spitze, dass du da bist;
   einfach spitze, dass du da bist.
   Einfach spitze, komm, wir loben Gott den Herrn!
2. Einfach spitze, lass uns stampfen;
   einfach spitze, lass uns stampfen.
   Einfach spitze, komm, wir loben Gott, den Herrn!
3. Einfach spitze, lass uns klatschen;
   einfach spitze, lass uns klatschen.
   Einfach spitze, komm, wir loben Gott, den Herrn!

Hinführung zum Gottesdienst

Erzieherin: „Ich freue mich, dass heute so viele ‚starke Kinder' zum Familiengottesdienst gekommen sind. – Die Kinder vom Kindergarten St. Michael beschäftigt das Thema ‚Starke Kinder' schon eine ganze Weile. Und weil es uns allen, den Kindern, den Eltern und den Erzieherinnen, so wichtig ist, deswegen wollen wir heute einen ‚starken' Familiengottesdienst miteinander feiern.

Manche fragen sich vielleicht: ‚Was hat dieses Thema mit einem Gottesdienst zu tun?' – Wir glauben, dass es sehr viel damit zu tun hat, weil wir damit unseren Kindergartenalltag zu Jesus bringen mit allem, was gut ist und was nicht so gut ist.

Einige Kindergartenkinder sagen uns nun, was für sie ein ‚starkes' Kind ist. Diese Aussage der Kinder sind Erkenntnisse, die sie durch die Beschäftigung mit dem Thema gewonnen haben."

Bußakt und Kyrieruf

Erzieherin: (Michael), was heißt für dich ein starkes Kind sein?
1. Kind: Hier stark sein, ist keine Kunst (*Junge zeigt auf Oberarm*) – hier stark sein ist wichtig (*tippt an die Stirn*).
Mutter: Jesus, oft gelingt uns das nicht, weil wir einfach vergessen, was eigentlich stark sein heißt.
Priester: Herr, erbarme dich unser.
Alle: Herr, erbarme dich unser.

Erzieherin: (Simone), was heißt für dich ein starkes Kind sein?
2. Kind: Nicht gleich schlagen, sondern zuerst reden.
Vater: Jesus, manchmal schlagen wir einfach drauflos und tun damit einander weh.
Priester: Christus, erbarme dich unser.
Alle: Christus, erbarme dich unser.

Erzieherin: (Claudia), was heißt für dich ein starkes Kind sein?
3. Kind: Wenn ich etwas tue und mich anstrenge, auch wenn ich keine Lust dazu habe.
Vater: Jesus, manchmal gelingt uns das nicht, und wir laufen einfach vor etwas, das wir tun sollten, weg.
Priester: Herr, erbarme dich unser.
Alle: Herr, erbarme dich unser.

Vergebungsbitte des Priesters

Glorialied

„Laudato si …“[115]

Tagesgebet

Guter Gott, wir danken dir, dass Jesus in unsere Welt kam, um uns Menschen mit seiner Botschaft stark zu machen für das Leben. Hilf uns, seine Botschaft zu hören und ernst zu nehmen. Amen.

Evangelienspiel[116]

Im Evangelium hören wir, wie Jesus einen Menschen stark macht.

Text	**Spiel** (Kindergruppe)
Jesus und seine Freunde sind auf dem Weg zu den Menschen.	*Jesus und seine Freunde gehen als Gruppe im Altarraum umher.*
In der Ferne sehen sie schon die Stadt Jericho. In dieser Stadt wohnt Zachäus.	*Gruppe bleibt stehen und hält die Hand über die Augen und zeigt in die Ferne.*
Zachäus ist Zöllner und sehr reich. Er sitzt am Stadttor und kassiert von den Menschen Geld. Er muss das für die Römer tun. Zachäus nimmt aber den Menschen zuviel Geld ab und behält davon viel für sich selbst.	*Zachäus sitzt allein und verängstigt auf einem Hocker seitlich im Altarraum.*
Deshalb mögen die Leute Zachäus nicht. Richtig böse sind sie auf ihn. Keiner will mit ihm etwas zu tun haben. Keiner will was von ihm wissen. Sie bedrohen und beschimpfen ihn.	*Eine Gruppe Menschen droht ihm mit der Faust und macht Gesten des Beschimpfens.*
Eines Tages kommt auch Jesus in die Stadt. Die Menschen freuen sich, schon viel haben sie von ihm gehört. Alle strömen herbei, um ihn zu sehen und zu hören.	*Von der Seite kommt Jesus mit seinen Freunden. Die Gruppe stellt sich in die Mitte des Altarraumes, so dass Zachäus verdeckt wird.*
Kein Wunder, dass auch Zachäus Jesus sehen will. Aber, o Schreck! Er ist ja viel zu klein. Er kann nicht über die vielen Menschen hinweggucken.	*Von hinten tritt Zachäus an die Gruppe heran und steigt auf einen Hocker.*

Und niemand macht ihm Platz. Da klettert Zachäus auf einen Baum. Jetzt kann auch er Jesus sehen.

Jesus sieht Zachäus. Er schaut zu ihm herauf und ruft: „Zachäus, komm schnell herunter. Ich möchte heute zu dir in dein Haus kommen. Jesus streckt Zachäus die Hand entgegen, und Zachäus steigt schnell vom Baum herab. Voll Freude führt er Jesus mit seinen Freunden zu seinem Haus. Er kann es noch gar nicht glauben, dass Jesus zu ihm kommt.

Jesus steckt Zachäus die Hand entgegen. Zachäus ergreift sie und steigt vom Hocker. Er geht mit Jesus und seinen Freunden um den Altar herum. Die Gruppe bleibt vor dem Altar stehen.

Im Haus des Zachäus halten sie alle ein richtiges Festmahl. Alle sind froh. Am glücklichsten aber ist Zachäus.

Die Gruppe setzt sich vor dem Altar auf die Stufe.

Und von dieser Stunde an hört Zachäus auf, die Menschen zu betrügen, ja, er gibt all das, was er zu viel genommen hat, zurück.

Jesus schaut Zachäus sehr lieb an. Er nimmt ihn in die Arme und sagt zu ihm: „Ich bin zu dir gekommen, damit du glücklich wirst und als Kind Gottes lebst.“

Jesus nimmt Zachäus in die Arme und geht mit ihm ein paar Schritte im Altarraum.

Predigt

Ausgangspunkt ist der letzte Satz des Evangelienspiels: „Ich bin gekommen, damit du glücklich wirst und als Kind Gottes lebst." Das heißt soviel wie: „Ich bin zu dir gekommen, um dich stark und heil zu machen." Frage: „Was hat Jesus getan, dass der verängstigte Zachäus so stark wurde?" – Anhand der Evangeliumsgeschichte erschließen...

Transfer zum Leben der Kinder: Jesus will auch uns stark machen. Wie kann das aussehen? Diese Frage wird anhand von zuvor gefertigten Kinderzeichnungen beantwortet: Mit Kindergartenkindern wurde im Vorfeld des Gottesdienstes diese Frage besprochen und nach Antworten gesucht. Jede Gruppe gestaltete eine Antwort auf einem großen Plakat. Anhand der Plakate wird bei der Predigt obige Frage beantwortet. Die Plakate der Kinder werden an eine Leine im Altarraum gehängt.

Mögliche Antworten könnten sein: Geschichten von Jesus sind Mutmach-Geschichten für verschiedene Situationen ...

Am Schluss der Predigt

Liedvers: „Unser Freund heißt Jesus Christ"[117]

Unser Freund heißt Jesus Christ,
weil er immer bei uns ist.
Montag, Dienstag, Mittwoch, Donnerstag und Freitag, ja,
Samstag und dann Sonntag. Immer ist er da.

Fürbitten (Kindergruppe)

Priester: Jesus, du bist mitten unter uns. Zu dir kommen wir mit unseren Bitten.
1. Kind: Laß uns alle starke Kinder werden.
Antwortruf: Jesus, mach uns stark.
2. Kind: Mache die kranken Menschen stark.
Antwortruf: Jesus, mach uns stark.
3. Kind: Hilf uns, dass wir nach einem Streit stark sind und uns wieder versöhnen.
Antwortruf: Jesus, mach uns stark.

Erzieherin: Gib uns Erzieherinnen den Mut und die Kraft, die uns anvertrauten Kinder stark werden zu lassen, damit sich ihre je eigene Persönlichkeit entfalten kann.
Antwortruf: Jesus, mach uns stark.
Priester: Fürbitte für die Kinder der Gemeinde
Antwortruf: Jesus, mach uns stark.
Priester: Jesus, höre und erhöre unsere Bitten. Amen.

Gabenbereitung

Lied: „Unser Freund heißt Jesus Christ…“[118]

1. Stehn wir früh am Morgen auf,
gehen wir spät zur Ruh,
beten wir zu unserm Herrn,
und er hört uns zu:
Unser Freund heißt Jesus Christ,
weil er immer bei uns ist.
Montag, Dienstag, Mittwoch, Donnerstag und Freitag, ja,
Samstag und dann Sonntag. Immer ist er da.

2. Wenn wir einmal traurig sind,
drückt uns unser Schuh,
beten wir zu unserm Herrn,
und er hört uns zu.

3. Wenn wir alle Freunde sind,
fällt es uns nicht schwer:
Ich helf' dir, und du hilfst mir.
So will's unser Herr.

Gabengebet

Herr, unser Gott, Brot und Wein sind bereitet für das Mahl mit dir. Wir legen dazu unser Starksein und unser Schwachsein als unser Geschenk an dich. Nimm diese Gabe an. Darum bitten wir dich durch Christus, unseren Herrn. Amen.

Kinder versammeln sich im Altarraum in einem großen Kreis um den Altar.

Sanctuslied

„Heilig, ja heilig, ja heilig ist der Herr…“[119]

Wandlung

Priester zeigt den Kindern die Hostie und den Kelch mit Wein.

Vaterunser

Alle fassen sich an den Händen – auch über den Mittelgang der Kirche

Friedensgruß

Als Friedenskette weiter die Hände halten
Die Kinder werden eingeladen, bewusst einander die Hand zu geben.
Die Kinder gehen nach dem Friedensgruß in ihre Bänke zurück.

Während der Kommunionausteilung

Orgelmusik

Nach der Kommunion

Liturgischer Tanz

Erzieherin: In einem Tanz möchten die Kinder uns nun zeigen, dass „Starksein“ verschiedene Farben und Formen hat und dass wir Menschen, um stark sein zu können, Jesus brauchen.
Tanz: Mit bunten Seidentüchern / Kinder im Mittelgang der Kirche
Musik: Meditative Orgelmusik

Schlussgebet

Guter Gott, nun gehen wir wieder auseinander in unsere Familien. Mit deiner Hilfe können wir als starke Kinder, als starke Jugendliche und als starke Erwachsene in die neue Woche hineingehen. Amen.

Segensgebet und Segen

Weil Gott uns liebt, schenkt er uns seinen Segen. In diesem Segen ist er bei uns. Er lässt uns nicht allein. Das macht uns stark und froh. So segne uns der gute Gott: Im Namen des Vaters und des Sohnes und des Heiligen Geistes. Amen.

Erzieherin: Ankündigung, dass jede Familie ein kleines Erinnerungszeichen an diesen Gottesdienst bekommt.

Wir singen jetzt zusammen noch das Lied von den „starken Kindern" und bitten Jesus, dass er uns hilft, so zu werden, wie es in dem Lied heißt.

Schlusslied

„Starke Kinder..." (1. und 2. Strophe, Refrain, 3. und 4. Strophe, Refrain; beim Refrain fassen sich alle an die Hände).[120]

1. Starke Mädchen haben nicht nur schöne Augen,
starke Mädchen haben Fantasie und Mut.
Starke Mädchen wissen selbst, wozu sie taugen.
Starke Mädchen kennen ihre Chancen gut.

Refrain:

Starke Kinder halten felsenfest zusammen,
Pech und Schwefel, die sind gar nichts gegen sie.
Ihren Rücken lassen sie sich nicht verbiegen,
starke Kinder, die zwingt keiner in die Knie.
Starke Kinder haben Kraft, um sich zu wehren,
und sie seh'n dir frei und ehrlich ins Gesicht.
Starke Kinder wollen nur die Wahrheit,
und so leicht betrügt man starke Kinder nicht.

2. Starke Jungs, die können nicht nur Muskeln zeigen,
starke Jungs, die zeigen Köpfchen und Gefühl.
Starke Jungs woll'n ihre Meinung nicht verschweigen.
Starke Jungs, die kommen lächelnd an ihr Ziel.

Refrain

3. Starke Mädchen stehen fest auf ihren Beinen,
starke Mädchen wollen alles ausprobier'n.

Starke Mädchen sagen ehrlich, was sie meinen.
Starke Mädchen können siegen und verlier'n.

Refrain

4. Starke Jungs, die wollen alles selbst erleben,
starke Jungs, die können auch mal Zweiter sein.
Starke Jungs sind stark genug, um nachzugeben.
Starke Jungs, die fall'n auf Sprüche nicht herein.

Refrain

Dank des Priesters

an die Kinder,
an die Eltern,
an die Erzieherinnen.

Impuls für Eltern

Gott mit Kindern wiederfinden, ihn in der Familie entdecken; Kindern Gott schenken ist das größte Geschenk, das wir ihnen machen können.

Anlage zur Plakatgestaltung für die Predigt

Auf die Frage „Wie kann Jesus uns stark machen?" haben die Kinder im Kindergarten (5- bis 6-jährige) folgende vier Schwerpunkte gesetzt:

- *Jesus hilft uns, stark zu sein durch sein Vorbild.*
  Er war ein starker, guter Mensch. Wenn wir so leben, wie er es getan hat, dann sind wir starke Kinder.

  Alltagsbezug: Wir wollen einander helfen und uns nicht schlagen, sondern Konflikte anders lösen lernen.

  Plakatgestaltung: Aussage des Alltagsbezugs

- *Jesus hilft uns, stark zu sein, wenn wir zu ihm beten.*
  Wir können ihn bitten, dass er uns so stark werden lässt wie Zachäus.

  Alltagsbezug: Wir bitten Jesus um seine Hilfe.

  Plakatgestaltung: Kinder mit großen Sprechblasen, in die Bitten an Jesus geschrieben sind.

- *Wir werden stark durch Geschichten, die wir von Jesus hören, denn Jesus-Geschichten sind Mutmach-Geschichten.*
  Jesus hat den blinden Bartimäus stark und heil gemacht, auch den Zachäus und viele kranke und traurige Menschen.

  Alltagsbezug: Auch wir Kinder kennen bei uns Außenseiter, Kranke und Traurige.

  Plakatgestaltung: Jesus in der Mitte – ihm zugeordnet „der blinde Bartimäus“, „Zachäus“, kranke und traurige Menschen.

- *Jesus hilft uns, stark zu sein, weil er unser Freund ist und immer bei uns ist.*
  Wenn du einen Freund hast, bist du stärker.

  Alltagsbezug: Er lässt uns nicht allein.

  Plakatgestaltung: Jesus, umgeben von Kindern.

Ausblick

Heranwachsende

19 Sexualität als Gabe und Aufgabe

Als Theologe kann ich nicht deutlich genug darauf hinweisen, dass Gott der Schöpfer uns Menschen als sexuelle Wesen in die erotische Spannung zwischen Mann und Frau hinein erschaffen hat. Dies ist seine *Gabe* an uns und *Aufgabe für uns.* Auch Kleinkinder haben schon sexuelle Triebimpulse. Es gibt sehr wohl eine kindliche Sexualität, das Kind ist seinen Trieben mehr oder weniger ausgesetzt. „Zu den Trieben nun, mit denen sich das Kleinkind ‚herumschlagen' muss, gehört außer Zweifel auch die Sexualität, die freilich in einer ganz anderen, eben infantilen (kindlichen) Form in Erscheinung tritt wie beim Erwachsenen, nicht zuletzt deswegen, weil sie ja noch nicht im Dienste der Fortpflanzung steht. So erlebt das Kind vom Anfang der Saugtätigkeit an durch den Milchstrom eine lustvolle Stimulierung der Mundschleimhaut, und dies so intensiv, dass es diesen Genuss durch das Lutschen aller möglichen anderen Gegenstände zu reproduzieren versucht."[121]

Beim Übergang von der oralen Phase (der lustvollen Erfahrung des Mundbereiches) zur analen Phase wird der Bereich des Afters als neue erogene Zone erlebt. Kinder schmieren in dieser Phase mit Kot und kotähnlichen Substanzen. Sie erleben das Zurückhalten oder „Hergeben" ihres Stuhlgangs als eine erste Form von Autonomie gegenüber den Eltern, die dies im Zusammenhang mit der Erziehung zur Reinlichkeit deutlich spüren. In der nächsten Phase wendet sich das Kind dem Genitalbereich zu und erzeugt durch seine Berührung Lusterfahrungen. Alle drei Phasen sind durchgehend mit lustvollen Gefühlen getönt.

Für Eltern besteht die Aufgabe nun darin, diese vielfältigen triebmäßigen Verhaltensweisen durch eine entsprechende Erziehung so umzuformen, dass die Kinder ihre Antriebe in ihre Persönlichkeit integrieren können. Diese kindlichen Triebe sind also keine

‚Unart', die man den Kindern möglichst brutal und mit aller Härte abgewöhnen müsste. Es hat wenig Sinn, die oralen Wünsche als ‚Gier', die analen Spiele als ‚Unsauberkeit', die sexuelle Neugier als ‚Schamlosigkeit' zu interpretieren und darauf zu achten, sie möglichst schleunigst abzustellen: „Das werde ich dir schon noch austreiben."

Wie sollen sich Eltern verhalten?

Kinder brauchen hier recht behutsame, feinfühlige, natürlich offene Begleitung, damit sie nicht in jenen Entwicklungsphasen stecken bleiben. Deshalb ist es wichtig, dass sie die Konflikte, die mit jeder Phase verbunden sind, angstfrei durchleben können, um sich vom reinen Lustprinzip zum Realitätsprinzip weiterzuentwickeln.

Erwin Ringel fordert zwei entscheidende Verhaltensweisen: *Geduld und Liebe.*[122] Es macht wenig Sinn, Kindern durch Verwöhnung und ungehindertes Auslebenlassen die Schwierigkeiten einer Weiterentwicklung ersparen zu wollen. Andererseits darf nicht Druck und Tempo gemacht werden, um diese Anpassungsprozesse zu beschleunigen. Geduld ist also angesagt: Damit ein Kind seine Triebwünsche schließlich integrieren kann, muss es sie zuerst einmal eine gewisse Zeit erleben und ausleben dürfen.[123]

Liebe ist deswegen besonders entscheidend, weil Kinder mit den Eltern ihre Triebwünsche einschränken und anpassen müssen. Je mehr sie in diesen Phasen die Liebe der Eltern erfahren, umso leichter verkraften sie diese notwendige Anpassung ihrer Wünsche und Triebe an die Realität.

Anna Freud schreibt zu diesem Problem sehr Hilfreiches: „Viele der frühen Freuden des Kindes – wie das Spielen und Schmieren mit Fäzes, das Zeigen des nackten Körpers, das Herausfinden sexueller Geheimnisse – können auf Bereiche umgelenkt werden, die den ursprünglichen ähnlich, aber für die Außenwelt akzeptabel sind. Im Malen und Kneten z. B. kann viel von der alten Lust am Schmieren wiederaufleben; die Zurschaustellung von Kleidern, von Körper- oder Verstandesleistungen ist kaum weniger befriedigend als reiner Exhibitionismus; die Neugier für sexuelle

Geheimnisse kann sich in allgemeinen Wissensdurst verwandeln und ein Gutteil ihrer Lustqualität an das Lernen abgeben."[124]

Wenn Eltern (und dadurch auch die Kinder) diese frühkindlichen Triebtendenzen annehmen können, werden damit die kreativen Fähigkeiten der Kinder sogar gefördert. Eine frühzeitige Unterdrückung dieser Triebtendenzen behindert dagegen oft ein Leben lang. Dort, wo Triebregungen nicht unterdrückt werden, sondern als Energie umgelenkt werden in soziale Antriebskraft und soziale Aktivitäten, die als nützlich, erfreulich und befriedigend erlebt werden, wird die in den Triebregungen steckende Energie nicht im Unbewussten blockiert, sondern bleibt für die Weiterverwendung präsent.

Von Ungeduld ist abzuraten. Was sich hier und heute vollzieht, ist wichtig, und der Druck, die Entwicklung der Kinder beschleunigen zu wollen, führt eher zum Betrug an ihnen und verhindert diese Entwicklung. Schließlich ist die Kindheit nicht nur eine Vorbereitungszeit oder ein Durchgangsstadium, sondern „ein Wert für sich".[125] Es ist sinnlos, immer auf der Lauer zu liegen mit der Frage: „Was wird mein Kind hoffentlich morgen Neues und mehr können?" Manche Eltern übersehen das Heute und rauben sich und dem Kind die glücklichen Augenblicke.

Abzuraten ist auch von Befangenheit gegenüber Sexualität. Als Christ glaube ich daran, dass Sexualität Gabe des Schöpfers an uns Menschen ist. Deswegen ist aus theologischen Gründen deutlich zu sagen, dass Sexualität eine positive, von Gott gewollte, in den Menschen hinein gestiftete Beziehungsdynamik ist. Zu einer positiven Beziehung zum Selbst gehört auch die lustvolle Entdeckung des eigenen Körpers. Diese Erfahrung machen wir Menschen zuerst als Kinder! Unsere Aufgabe ist nicht, den Kindern diese Erfahrung zu verderben, sondern sie zu begleiten, damit sie nicht auf den eigenen Körper fixiert werden. Kindern etwa das Berühren ihrer Geschlechtsorgane zu verbieten, führt dazu, dass sie solche Verbote als besonderen Anreiz verstehen und sich geradezu darauf konzentrieren – mit der tragischen Nebenwirkung, dass dieses Verbot gleichzeitig eine künstliche Tabuisierung des Geschlechtsbereiches hervorruft. In allzu vielen Lebensgeschichten junger Eltern tauchen immer wieder jene Szenen auf, die ihre eigenen Eltern veranstalteten, wenn sie als Kinder die Hände unter der Bettdecke hatten. Welchen Sinn haben solche Erziehungsmaßnahmen? Auch die schon bei Kindern beobachtbare Selbstbefriedigung erfordert eine natürliche und unbefangene Einstellung der Eltern.

Dazu noch einmal ERWIN RINGEL: „Einer meiner Lehrer, Kauders, pflegte immer wieder zu sagen: ‚Wenn du wissen willst, ob einer ein Lügner ist, frage ihn, ob er jemals Selbstbefriedigung betrieben habe. Verneint er es, dann ist er sicherlich ein Schwindler.'"[126]

Wir tun unseren Kindern nichts Gutes, wenn wir ihnen die von Gott eingestiftete Gabe der Sexualität nicht als Aufgabe begleitend erschließen. Viele Eltern sind derzeit bereits auf dem Wege, mit ihren Kindern über erotische und sexuelle Fragen offen und ebenso natürlich zu sprechen wie über andere Probleme. Meine Frau und ich haben mit unseren Kindern in den verschiedenen Situationen, in denen sie gefragt haben „Warum hat das Mädchen keinen Penis?" – „Wo kommen die Kinder her?" – „Wie kommt das Kind in den Bauch der Mutter hinein?" usw., offen und unkompliziert gesprochen. Nach wenigen Minuten war das Informationsbedürfnis der Kinder gestillt, und sie haben sich einfach wieder anderen Dingen zugewandt.

Als Eltern erschließen wir Kindern eine lebendige, lebensförderliche Beziehung zu Gott, wenn wir ihnen helfen, mit ihren sexuellen Regungen nicht verdrängend umzugehen, sondern sie Schritt für Schritt zu integrieren.

Mit Jugendlichen in der Pubertät oder mit jungen Erwachsenen rede ich in den verschiedenen Situationen ebenfalls sehr deutlich und offen. Ich bin angesichts der heute anstehenden Situation um so entschiedener, mit ihnen auch deutliche Regeln zu entwickeln, wie etwa:

- kein unerwünschtes Kind zeugen
- sich und andere vor AIDS schützen
- keine sexuellen Beziehungen ohne feste Sozialbindung.

Es wäre wünschenswert, dass alle die, die in der Kirche an den Begründungen für Regeln und Gebote im sexuellen Bereich mitdenken, zu hilfreicheren Aussagen über den Menschen und seine Sexualität finden, als dies in Vergangenheit und Gegenwart geschah, damit sie auch in unseren natürlichen sexuellen Triebimpulsen und in den durch sie manchmal entstehenden Nöten ernst genommen werden. *Ein* Ziel im Umgang mit Sexualität ist es ganz sicher, sie als Gabe und Aufgabe zugleich zu erkennen, die von Gott kommt. Auf diesem Hintergrund gehört zu einem aufblühenden Leben wie dem des Kindes in der Gottesbeziehung die aufblühende Sexualität notwendig dazu.

20 Wir wachsen ins Licht – Licht werden in dieser Welt

Die bisherigen Überlegungen wollten die besonderen Chancen einer gelungenen religiösen Erziehung für die Gestaltung unseres Lebens darstellen. Ich bin persönlich aufgrund meiner jahrelangen Erfahrungen in unserer Familie und in lebendigen Gemeinden überzeugt, dass wir tatsächlich zu einer anderen Lebensqualität und Sinnerfahrung kommen, wenn wir die üblichen Schubladen der Wirklichkeit als zu eng hinter uns lassen und die Arme weit ausstrecken auf Gott.

Auf diesem Weg hat mich ein Bild des Künstlers Roland Peter Litzenburger, dem er den Titel „Der Sonnengesang 1971" oder „Die gute Schöpfung des Franz von Assisi" gab, seit Jahren innerlich angerührt und weitergeführt. In diesem Bild geht es nicht um den Menschen, der die Arme vor sich verschränkt, sich verschließt und sich in sich selbst verkriecht; der Mensch der guten Schöpfung streckt sich mit weit offenen Armen aus auf das wärmende Licht Gottes, von dem er sich durchdringen und wärmen lässt. Dieser Mensch trägt aber auch ein deutliches Paket von tiefschwarzem Schatten seines Lebens und der Welt im Rücken mit sich. Er ist also keineswegs Halleluja-Mensch, an dem alles abprallt und der die tiefgründigen Schatten der eigenen Existenz und die Grausamkeiten der Welt um ihn herum nicht mehr wahrnimmt. Zu diesen Paketen von Leid, Zerstörung und Hoffnungslosigkeit zu stehen und sie mitzunehmen in die ausgebreiteten Arme auf das große

Licht hin ist das, was mir dieses Bild zu einem meiner Lebensbilder gemacht hat. Dieses Bild fasst das, was ich mit Ihnen in diesem Buch besprechen wollte, am besten zusammen.

Als Ausblick für weitere Überlegungen erscheint mir noch Folgendes bedenkenswert: Der Glaube als dynamisches Vertrauen auf Gott braucht Gesten, Zeichen und Bräuche in der Familie, die uns mit unseren Kindern Gott im Alltag nahe bringen und nahe halten. Solche Gesten und vertrauten Zeichen in der Familie zu entwickeln ist für die Stabilität und vor allem auch für die Beseitigung von fragwürdigen und nicht selten gefährlichen religiösen Praktiken bedeutsam. Es beschäftigt mich, dass immer mehr Kinder und Jugendliche an Geister glauben und nachts Angst haben.

In den neuesten Jugendstudien fällt deutlich auf, dass Jugendliche ohne religiöse Erziehung und ohne Bindung an eine religiöse Gemeinschaft anfällig sind für Teufelskulte, für Geisterglauben, Okkultismus und verschiedene Varianten Angst machender Religiosität. Die Gruppe der kirchlich gebundenen, mit der biblischen Botschaft vertrauten Jugendlichen zeigt solche Gefährdungen nicht. Die für viele Kinder und Jugendliche entstandene Situation, dass sie keine religiöse Orientierung und keine aufbauenden religiösen Erlebnisse kennen, hat zu einem Vakuum geführt, das einen Sog in den Okkultismus begünstigt. Ich kenne genügend Jugendliche, die jede Nacht Angst vor klopfenden Geistern haben, weil sie ihre religiösen Bedürfnisse in nächtlichen Geisterbeschwörungen ausleben – und dies nicht selten aufgrund fehlender anderer Möglichkeiten und Impulse, Religiosität zu leben und gemeinsam zu praktizieren.

Ein Jahr ist lang, und es hat seinen tiefen Sinn, die einzelnen Jahreszeiten und Feste mit ihren intensiven Vorbereitungsphasen bewusst zu gestalten. Allein, wenn Sie den Advent mit Ihren Kindern durch regelmäßige abendliche Adventsgeschichten, durch gemeinsames Singen, gemeinsames Beten und Basteln gestalten, entstehen für Kinder Lichterfahrungen und Hoffnungsmöglichkeiten. Sankt Martin, die heilige Barbara (mit dem alten Brauch der „Barbarazweige"), der heilige Nikolaus und andere Heilige können dabei (wieder) lebensförderliche Gestalten und Symbole werden.

Kinder brauchen Gruppen

Ermöglichen Sie Ihrem Kind die Teilnahme an einer Kinder- oder Jugendgruppe in Ihrer Gemeinde. Sowohl evangelische als auch katholische Gemeinden haben die Aufgabe, durch solche Gruppen Kindern und Jugendlichen Möglichkeiten religiöser Erlebnisse zu erschließen. Wenn es in Ihrer Gemeinde keine Gruppen gibt, lassen Sie nicht locker, bis es welche gibt. Schließen Sie sich mit anderen Eltern zusammen und gründen Sie selbst eine solche Kindergruppe für Ihre und andere Kinder. Es kann nicht sinnvoll sein, immer darauf zu warten, bis andere etwas tun. Ich weiß, wovon ich spreche. Meine Frau und ich haben uns immer wieder an der Kinder- und Jugendarbeit beteiligt, um unterstützend mitzuhelfen, was später auch unseren eigenen Kindern zugute kam. Dasselbe gilt für die Gestaltung von kindgerechten Familiengottesdiensten. Kirchen werden in vielen Gemeinden in der letzten Zeit wieder voller, wenn junge Familien mit ihren Kindern gemeinsam kommen können, kind- und familiengemäß angesprochen werden, die Gestaltung und insbesondere die Lieder Familien mit Kindern entsprechen, so dass Eltern und Kinder nach diesem Gottesdienst mit dem Gefühl heimgehen können: „Das hat uns bereichert, wir haben etwas Gutes und Schönes erlebt." In solchen Familiengottesdiensten fällt auch der Stress mit den Kindern weg.

Es sind viele Gestaltungsformen möglich: von einer Umsetzung des Evangeliums durch eine Spielgruppe mit Tüchern, Symbolen, einem kleinen Theater, bis hin zu eigenen Fürbitten der Kinder, wobei sich alle Kinder um den Altar herum versammeln. Oder: Beim Vaterunser kann eine Menschenkette gebildet werden, indem sich alle an die Hand nehmen – auch über den Mittelgang und die Seitengänge hin.

Auch hier gilt die Maxime: Wenn es solche Gottesdienste in Ihrer Gemeinde noch nicht gibt, dann schließen Sie sich mit Eltern zusammen, gehen auf den Pfarrer zu und gestalten gemeinsam mit ihm regelmäßig Familiengottesdienste. Nach meiner Beobachtung ist es eher die Ausnahme, wenn Pfarrer heute auf solche Initiativen nicht eingehen. Es mag dann ein Jahr dauern, bis sich eine veränderte Gottesdienstgestaltung in der Gemeinde durchsetzt. Auch wird es immer Leute geben, die so etwas als Spielerei ansehen. Ihnen möchte ich zu bedenken geben, dass sie nicht das Recht haben, ihre eigenen gewohnten Gottesdienstformen, ihre eigenen Lieder und Gebetsformen auch zum Maßstab für junge Familien mit Kindern zu machen und ihnen damit - wenn auch ungewollt - den Zugang zu Gott zu verschließen. Es gibt viele Wege zu Gott, es gibt viele Formen von Gottesdienstgestaltung, die lebendig und aufbauend sind, ohne dass damit die offizielle liturgische Gestaltung verdrängt wird. Sie kann auf diesem Weg sogar vertieft werden.

Ein Tipp, der sich auf erfreuliche Erfahrungen nicht nur meiner Familie bezieht: Schließen Sie sich in Eltern- oder Familiengruppen zusammen, in denen Sie sich auch über die religiöse Erziehung Ihrer Kinder austauschen. Vielleicht können Ihnen manche Gedanken dieses Buches dabei Impulse geben.

Auf jeden Fall hätte dieses Buch seinen Sinn erreicht, wenn es den Austausch anstiftet und Möglichkeiten in Ihnen stärkt, gemeinsam mit Ihren Kindern einen erlebnisreichen, kindgemäßen religiösen Weg zu entdecken und zu gehen.

Wer seinem Kind Gott schenkt, macht ihm das größte Geschenk. Denn: „Woran glaubt, wer nicht glaubt?“[127]

Anmerkungen

1 *B. Grom*, Religionspsychologie. München 1992, 205f.

1a *A. Kappler*, Brief einer todkranken Jugendlichen an ihre Mutter. Nach ihrem Tod von einer Krankenschwester gefunden. Mit Erlaubnis der Mutter weitergegeben (Manuskript).

2 *J. Klink*, Kind und Glaube. Düsseldorf 1971, 52.

3 *A. Biesinger / G. Braun*, Dein Licht komme – Gott in Licht und Dunkel sehen. Freiburg i. Br., 1999. W. Groß / K.-J. Kuschel, „Ich schaffe Finsternis und Unheil!" – Ist Gott verantwortlich für das Übel? Mainz 1992.

4 Textfassung aus: Gute Nachricht Bibel. Stuttgart 1997.

5 Ebd.

6 Ebd.

7 Ebd.

8 Vgl. *A. Biesinger*, Kann man glauben lernen?, in: Welt des Kindes. Zeitschrift für Kleinkindpädagogik und außerschulische Erziehung 61 (1983) 83f. – K. H. Schmitt / J. Hoeren (Hg.), Werden unsere Kinder noch Christen sein? Freiburg/Basel/Wien [2]1995.

9 *Chr. Bitzer*, Gott im Kinderzimmer, in: Wissenschaft und Praxis in Kirche und Gesellschaft, 1974, 454f. Das Protokoll ist sofort nach dem Gespräch aufgezeichnet worden (Eltern: Akademiker, 35/40 Jahre alt, beide berufstätig). – Vgl. *B. Buschbeck / W. E. Failing*, Religiöse Elementarerziehung. Gütersloh 1976, 74.

10 Vgl. *Buschbeck / Failing*, aaO., 17. Zur Entwicklung der kindlichen Religiosität vgl. ebd., 36–45. Hier sind konkrete Einschätzungen zu den Themen Tod und Gott auf die Jahre verteilt zu finden.

11 Vgl. *H. Roth*, Pädagogische Anthropologie, Bd. 1. Hannover [3]1971, 34f, 125, 414f.

12 Vgl. *B. Grom*, aaO., 206

13 Vgl. *K. E. Nipkow* nach Buschbeck / Failing, aaO., 19.

14 Vgl. zum Folgenden: *A. Biesinger*, Dignificación. Glauben als Beziehungswissen, in: Das Geheimnis erspüren – zum Glauben anstiften. Festschrift für G. Biemer. Freiburg i. Br. 1989, 116–134, hier 133.

15 *H. Kohler-Spiegel / U. Schachl-Raber*, Wut und Mut – Feministische Materialien für Religionsunterricht und Gemeindearbeit. München 1991, 104f.

16 *C. Voß-Goldstein*, in: *Dies. (Hg.)*, Abel, wo ist deine Schwester? Frauenfragen, Frauengebete. Düsseldorf [3]1991, 72f. © Christel Voß-Goldstein, Monheim.

17 *H. Kohler-Spiegel* u. a., aaO., 108.

18 *H. Langer, in: S. Kahl / H. Langer / H. Leistner / E. Moltmann-Wendel*, Feministische Theologie-Praxis. Ein Werkstattbuch. Arbeitshilfen Nr. 3, Mai 1981. Zitiert mach H. Kohler-Spiegel u. a., aaO., 109.

[19] *E. Ringel / A. Kirchmayr*, Religionsverlust durch religiöse Erziehung. Tiefenpsychologische Ursachen und Folgerungen. Wien/Freiburg i. Br./Basel 1985, 77–116.

[20] Das Wesen solcher Störungen (Neurosen) kann man beschreiben „als einen Konflikt zwischen bewussten und unbewussten Tendenzen, was voraussetzt, dass der Mensch nicht nur von Gefühlsfakten beeinflusst wird, die er kennt, sondern auch von ‚ungewussten', die er weggeschoben, ‚vergessen', aus dem Bewusstsein ‚verdrängt' hat, vor allem deswegen, weil sie ihm peinlich, unangenehm, oft ‚verboten' sind und ihn mit besonderen Schwierigkeiten konfrontieren", in: *Ringel / Kirchmayr*, aaO., 13. – Vgl. auch *T. Moser*, Gottesvergiftung. Frankfurt a. M. 1980. Speziell wichtig: *G. Klosinski*, Wenn Kinder Hand an sich legen. Selbstzerstörisches Verhalten bei Kindern und Jugendlichen. München 1999.

[21] *Ringel / Kirchmayr*, aaO., 15.

[22] Vgl. zur Auseinandersetzung mit E. Ringel / A. Kirchmayr: *A. Biesinger / G. Virt*, Religionsgewinn durch religiöse Erziehung. – Antwort an Erwin Ringel und Alfred Kirchmayr. Salzburg 1986.

[23] *K. Frielingsdorf*, Dämonische Gottesbilder. – Ihre Entstehung, Entlarvung und Überwindung. Mainz 1992, 17.

[24] Vgl. ebd., 20f.

[25] Vgl. ebd., 35f.

[26] Vgl. ebd., 92.

[27] Beispielsweise *A. Seeberger (Hg.)*, Eure Kinder dürfen mitziehen. Ostfildern 1997. – *W. Hoffsümmer*, Bausteine für Familiengottesdienste. Mainz 1996. – Sowie neuere Publikationen im Verlag Herder, Freiburg i. Br.

[28] *Frielingsdorf*, aaO., 119f.

[29] Ebd., 123.

[30] Ebd., 124.

[31] Vgl. ebd., 125.

[32] Vgl. ebd., 126f.

[33] Ebd., 130.

[34] Ebd., 133.

[35] Ebd., 142.

[36] Ebd., 143.

[37] Ebd.

[38] Ebd., 152.

[39] Ebd.

[40] Vgl. ebd., 153.

[41] Ebd., 174.

[42] *E. Ringel*, Die ersten Jahre entscheiden. Wien/München 1992, 135.

[43] Ebd., 142.

[44] Vgl. *Buschbeck / Failing*, aaO., 69.

[45] *Grom*, aaO., 23. Ergänzungen: A. Biesinger.

[46] Vgl. ebd., 20.

[47] Ebd., 21f.

[48] Ebd., 28.
[49] Vgl. ebd., 30.
[50] Ebd., 32.
[51] *R. Köcher*, Religiös in einer säkularisierten Welt, in: *E. Noelle-Neumann / R. Köcher*, Die verletzte Nation. Stuttgart 1987, 164–218.
[52] Vgl. *B. Grom*, aaO.,21f.
[53] *B. E. Hunsberger / L. B. Braun*, Religigous solizialisation, apostasy and the impact of familiy background, in. JSSR 23 (1984) 239–251; vgl. dazu *B. Grom*, aaO., 22.
[54] *B. Grom*, aaO., 22.
[55] Ebd.
[56] Diese Einflüsse kann man verschieden erklären: lernen am Modell, lernen durch Instruktion, lernen durch Fremdverstärkung sowie durch soziale Kontrolle und Bestätigung. – Vgl. *B. Grom*, aaO., 27.
[57] Vgl. neuere Sekten, Bhagwan Rajneesch, Mun.
[58] „Das Aussparen religiöser Einflüsse ist kein Freihalten für eigene Entscheidung, kein wirklich ‚neutrales' Verhalten; es ist vielmehr selbst Prägung in einem entsprechenden philosophisch-ideologischen Sinn. Denn die frühkindliche Sozialisation kann auf einen weltanschaulichen Bezugsrahmen nicht verzichten, auch dann nicht, wenn dieser dem Erwachsenen unbewusst bleibt. Entwicklung als soziales Lernen impliziert immer schon eine bestimmte inhaltliche Gebundenheit", in: *H.-J. Fraas*, Religiöse Erziehung und Sozialisation im Kindesalter. Göttingen 1973, 34.
[59] Ebd., 43.
[60] „Religion ist also nicht an einen Typ gebunden, drückt sich aber typgebunden aus, wodurch jede Definition subjektiven Charakter annimmt", in: ebd., 61.
[61] *H. Hetzer*, Sozialisation im Kleinkindalter, in: *Ders.*, Theorie und Praxis der Sozialpädagogik. Evang. Fachzeitschrift f. Bildungsaufgaben am Kind 81 (1973), 72.
[62] Ebd., 73.
[63] Vgl. *Grom*, Religionspsychologie, aaO., 32f.
[64] Ebd., 34.
[65] Ebd., 37.
[66] Vgl. ebd., 38.
[67] *F. Schweitzer*, Lebensgeschichte und Religion – Religiöse Entwicklung und Erziehung im Kindes- und Jugendalter. © Gütersloher Verlagshaus, Gütersloh, 4. Auflage 1999.
[68] Vgl. ebd., 145; zu den nächsten Zitat-Beispielen vgl. ebd., 145–147.
[69] *B. Grom*, Religionspädagogische Psychologie des Kleinkind-, Schul- und Jugendalters. Düsseldorf/Göttingen 1981.
[70] *G. W. Allport* 1973, 32; zitiert nach *Grom* 1981, aaO., 18.
[71] Vgl. *Grom*, ebd.
[72] Vgl. ebd., 21f.
[73] Vgl. die Beispiele bei *Grom*, ebd., 31.

[74] Vgl. ebd., 33ff.
[75] *Kohler-Spiegel / Schachl-Raber*, aaO., 82f.
[76] Vgl. zum Folgenden ebd., 87.
[77] Ebd., 54ff.
[78] Ebd., 100.
[79] *H.-L. Freese*, Kinder sind Philosophen. Weinheim/Berlin [3]1990, 21.
[80] „Beim gemeinsamen Philosophieren werden vielfältige kognitive und andere Emotionen lebendig. Dazu gehören die charakterprägenden rationalen Leidenschaften wie Wahrheitsliebe, Toleranz, die Freude an scharfsinnigen Argumenten, Abscheu vor unklarem und verworrenem Denken, das Ergriffenwerden von der Größe eines Gedankens, das Erschauern vor dem Unbegreiflichen, die Lust am Spiel mit den Gedanken", in: ebd., 18
[81] „Die schöpferischen mythischen Sinnkonstruktionen des Kindes zur Erklärung der Welt sind eine notwendige Vorstufe des kausalen Denkens der Wissenschaft, insofern sie keine ‚Phantasieprodukte', sondern Ergebnisse konstruktiver und systematischer Denkbemühungen darstellen", ebd., 74.
[82] Vgl. ebd., 80f.
[83] Ebd., 83.
[84] Ebd., 90f.
[85] Ebd., 94.
[86] Vgl. ebd., 117.
[87] Vgl. ebd., 118–124.
[88] *Ringel*, Die ersten Jahre entscheiden, aaO., 133.
[89] R. C. Cohn hat die so genannte „Themenzentrierte Interaktion" entwickelt. Ein leicht lesbare Einführung in dieses Konzept ist: *C. Löhmer / R. Standhardt*, Themenzentrierte Interaktion (TZI). – Die Kunst, sich selbst und eine Gruppe zu leiten. Mannheim 1992.
[90] *J. Gründel*, Person und Gewissen, in: Leben aus christlicher Verantwortung. Ein Grundkurs der Moral, Bd. 1: Grundlegungen, hrsg. v. J. Gründel (Schriften der Katholischen Akademie in Bayern, hrsg. v. F. Henrich, Bd. 141. Düsseldorf 1991, 63–85, 77. Vgl. *A. Biesinger / Chr. Schmitt*, Gewissen, in: *G. Adam / F. Schweitzer*, Ethisch erziehen in der Schule. Göttingen 1996, 243–259.
[91] *Ringel*, Die ersten Lebensjahre entscheiden, aaO., 125.
[92] Ebd., 125f.
[93] Ebd., 126.
[94] Ausschnitt aus LOGOS: Theologie und Leben – Gott mit neuen Augen sehen, 4. 12. 1999, ORF, Wien. Johannes Kaup im Gespräch mit Albert Biesinger, seiner Frau Barbara und der sechsjährigen Tochter Marléne.
[95] Aus: *A. Biesinger / G. W. Hunold*, Versöhnung tut gut. – Anregungen für Eltern der Erstkommunionkinder. Freiburg i. Br. 1999, 3f.
[96] Ebd., 9.
[97] *Th. Gordon*, Familienkonferenz. – Die Lösung von Konfliktren zwischen Eltern und Kind. München [29]1999.

98 Vgl. Psalm 22,1; Matthäus 27,46.

99 *I. Kant*, Die Metaphysik der Sitten. Akademie-Ausgabe Bd. 6, 454.

100 Dankbarkeit kann man beschreiben als „das Gefühl freudiger und gleichzeitig als gerecht und gesollt empfundener Anerkennung, das dadurch ausgelöst wird, dass man eine Befriedigung dem uneigennützigen Wollen eines anderen zuschreibt (attribuiert)", in: *Grom*, aaO., 201.

101 „Denn alles, was Gott geschaffen hat, ist gut, und nichts ist verwerflich, wenn es mit Dank genossen wird; es wird geheiligt durch Gottes Wort und durch das Gebet" (1 Timotheus 4,4).

102 Vgl. *Grom*, aaO., 203.

103 *W. Neidhart*, Psychologische Aspekte der Gebetserziehung, in: *F. W. Bargherr / L. Röbbelen (Hg.)*, Gebet und Gebetserziehung. © 1971 Quelle & Meyer Verlag Heidelberg, Wiebelsheim.
Vgl. weiter das sehr informative Praxishandbuch: *E. J. Korherr*, Beten lehren - Beten lernen. Grundkurs der Gebetspädagogik. Graz/Wien/Köln 1991.

104 *R. Abeln*, Beten mit Kindern. - Anregungen für Eltern und Erzieher. Süddeutsche Verlagsgesellschaft, Ulm 1978, 7. © R. Abeln.

105 Ebd., 5f.

106 Ausschnitt aus LOGOS, aaO.

107 *R. Abeln*, aaO., 9-16.

108 *A. Biesinger / H. Bendel / D. Biesinger*, Gott mit neuen Augen sehen. - Familienbuch. München 1999.

109 Ausschnitt aus: LOGOS, aaO.

110 Ebd.

111 Ebd.

112 Ebd.

113 Familiengottesdienst vom 27. 02. 2000 in der Domkirche St. Martin, Rottenburg a. N. *Autorinnen dieses Familiengottesdienstes:* Die beteiligten Erzieherinnen des Kindergartens St. Michael, 72108 Rottenburg a. N.: Ursula Mast, Manuela Haug, Melanie Maurer, Olivia Araujo, Theresa Jones, Brigitte Seise. *Die mitwirkenden Eltern:* Susanna Gunkel, Gisela Höschle, Anke Kneer, Petra Mast, Petra Sessler.

114 Text und Musik: Daniel Kallauck. © cap!-music, 72213 Altensteig.

115 Text: Sonnengesang des heiligen Franz von Assisi; Melodie: aus Italien; in: „Andere Lieder wollen wir singen" , S. 71. Pfarrei Hl. Geist, Alteburgstraße 45, 72762 Reutlingen.

116 Nach Lk 19,1-10 von Ursula Mast in Anlehnung an die Gottesdienstvorlage „Gott hat alle lieb", in: Wolfgang Schwartz, Unser Gottesdienst soll fröhlich sein, Freiburg i. Br. 1984

117 Text: Rolf Krenzer; Melodie: Inge Lotz; in: Bistum Essen, Seelsorgeamt (Hg.), Das Leben und den Glauben feiern. Anregungen für den Kindergarten, Heft 3.

118 Text: Rolf Krenzer, Melodie: Inge Lotz, in: aaO.

119 Text u. Melodie: W. Becker; in: Andere Lieder wollen wir singen, aaO., 27. © Schönstatt Verlag, Vallendar/Rhein.

[120] Text und Melodie: Rolf Zuckowski; in: H. Braun, Starke Kinder haben's leichter, Freiburg 1998). Notation von Wolfram Rehfeldt nach der CD „Der Spielmann" v. R. Zuckowski.
[121] *Ringel*, Die ersten Lebensjahre entscheiden, aaO., 109f.
[122] Vgl. ebd., 110.
[123] Vgl. ebd., 111.
[124] Zit. in ebd., 111.
[125] Ebd., 118.
[126] Ebd., 115.
[127] Vgl. den hochinteressanten Briefwechsel zwischen dem Mailänder Kardinal Carlo M. Martini und dem berühmten Schriftsteller Umberto Eco im gleichnamigen Band. München 1998.

Literaturhinweise zum Weiterlesen

Betz, Felicitas, Die Seele atmen lassen – Mit Kindern Religion entdecken. Kösel-Verlag, München 1996.

Biesinger, Albert / Virt, Günter, Religionsgewinn durch religiöse Erziehung – Antwort an Erwin Ringel und Alfred Kirchmayr. Otto Müller Verlag, Salzburg 1986.

Biesinger, Albert / Bendel, Herbert/ Biesinger, David, Gott mit neuen Augen sehen – Wege zur Erstkommunion. Familienbuch. Kösel-Verlag, München 1999.

Biesinger, Albert/Braun, Gerhard, Dein Licht komme – Gott in Licht und Dunkel sehen. Verlag Herder, Freiburg i. Br. 1999.

Biesinger, Albert / Bendel, Herbert (Hrsg.), Gottesbeziehung in der Familie – Familienkatechetische Orientierung von der Kindertaufe bis ins Jugendalter. Schwabenverlag, Ostfildern 2000.

Biesinger, Albert / Schmitt, Christoph, Gottesbeziehung – Hoffnungsversuche für Schule und Gemeinde. Verlag Herder, Freiburg i. Br. 1998.

Bornemann, Marianne / Hundertmarck, Gisela, Treffpunkt Spielgruppe – Ein Angebot für Kleinstkinder und ihre Eltern. Kösel-Verlag, München 1977.

Bumiller, Meinrad / Groß, Elisabeth / Ritter, Klaus, Wohin geht die Reise? – Das andere Gebetbuch für junge Leute. Kösel-Verlag, München 1995.

Fynn, Anna schreibt an Mister Gott, übersetzt von Jörg Andreas. Heyne Verlag, München 1994.

Halbfas, Hubertus, Der Sprung in den Brunnen – Eine Gebetsschule. Patmos Verlag, Düsseldorf [13]1995.

Hull, John M., Wie Kinder über Gott reden – Ein Ratgeber für Eltern und Erziehende. Gütersloher Verlagshaus, Gütersloh 1997.

Kessler, Michael (Hrsg.), Mit den Füßen beten – Ein Pilgerbuch. Schwabenverlag, Ostfildern 1999.

Korte, Norbert (Hrsg.), Unterwegs – woher? wohin? – Wegerfahrungen mit Michael E. Frickel. Matthias-Grünewald-Verlag, Mainz 1996.

Lempp, Reinhart, Familie im Umbruch. Kösel-Verlag, München 1986.

Oberthür, Rainer, Kinder und die großen Fragen – Ein Praxisbuch für den Religionsunterricht. Unter Mitarbeit von Alois Mayer, Kösel-Verlag, München 1995.

Oser, Fritz, Die Entstehung Gottes im Kinde – Zum Aufbau der Gottesbeziehung in den ersten Schuljahren. Für Katecheten und Eltern. NZN, Zürich 1992.

Pfister, Xaver, Gott zwischen Teddybär und Bügelbrett – Erfahrungen in Familie und Partnerschaft, Verlag Herder, Freiburg 1999.

Ringel, Erwin, Die ersten Jahre entscheiden. Verlag Jungbrunnen, Wien/München 1992.

Scheilke, Christoph / Schweitzer, Friedrich (Hrsg.), Das ist aber ungerecht! – Mit Kindern Gerechtigkeit erfahren, Bd. 2. Gütersloher Verlagshaus / Verlag Ernst Kaufmann, Gütersloh/Lahr 2000.

Schweitzer, Friedrich, Lebensgeschichte und Religion – Religiöse Entwicklung und Erziehung im Kindes- und Jugendalter. Christian Kaiser Verlag im Gütersloher Verlagshaus, Gütersloh 1999.

Schweitzer, Friedrich, Die Religion des Kindes – Zur Problemgeschichte einer religionspädagogischen Grundfrage. Gütersloher Verlagshaus, Gütersloh 1992.

Schwikart, Georg (Hg.), Zweifle dich durch! – Lust auf Religion. Ein Lesebuch. Kösel-Verlag, München 1994.

Utters-Adam, Adelheid, Kinder fragen: „Wo wohnt der liebe Gott?" – Ein Vorlesebuch mit Illustrationen von Andrée Prigent. Mosaik Verlag, München 1994.

Wagner, Paolo, Kann der liebe Gott zaubern, Papa? Verlag Herder, Freiburg i. Br. 1994.

Albert Biesinger im Verlag Herder

Dein Licht komme!

Gott erfahren in Bildern und Symbolen
1999, 200 Seiten mit Illustrationen, Paperback
ISBN 3-451-27098-6

Gottesbeziehung

Hoffnungsversuche für Schule und Gemeinde
Gemeinsam mit Christoph Schmitt
1998, 336 Seiten, Paperback
ISBN 3-451-26224-X

Auf dem Weg zur Erstkommunion

Ein Leitfaden für Eltern und Paten
1998, 24 Seiten mit farb. Abb., geheftet
ISBN 3-451-26533-8

Gott mit Kindern wiederfinden

Ein Leitfaden für Mütter und Väter
2. Auflage 1999, 24 Seiten mit farb. Abb., geheftet
ISBN 3-451-26607-5

Versöhnung tut gut

Anregungen für KatechetInnen und Eltern von Erstkommunionkindern
Gemeinsam mit Gerfried W. Hunold
1999, 24 Seiten mit farb. Abb., geheftet
ISBN 3-451-27091-9